THE FUNERAL CODE

: 내가 유디티가 된 이유

THE FUNERAL CODE : 내가 유디티가 된 이유

ⓒ 2021, 홍지재

발 행 일	초판 1쇄 2021년 7월 6일
	초판 3쇄 2021년 9월 29일
지 은 이	홍지재
발 행 처	Professional Amateurism
발 행 인	홍지재
출판등록	제 25100-2021-000044호
이 메 일	hongjijae89@gmail.com
I S B N	979-11-974814-0-6 (03810)

이 책의 판권은 지은이와 Professional Amateurism 출판사에 있습니다.
본 책 내용의 전부 또는 일부를 재사용하려면 반드시 저작권자의 서면 동의를 받아야 합니다.

UDT

THE FUNERAL CODE
: 내가 유디티가 된 이유

글 홍지재

Professional Amateurism

왜 살아야 하는지 이유를 아는 사람은
어떠한 어려움도 견뎌낼 수 있다.

- 니체

프롤로그

앙꼬라는 고양이가 있었다.

전역 후 잠시 창원에서 머무를 때의 일이다. 코로나로 인해 전역 후 계획했던 일들이 모두 틀어져서 친한 형님 집에서 얼마간 신세를 지고 있었다.

어느 날 형님이 자그마한 새끼 고양이 한 마리를 데려왔다. 집 앞 담벼락에서 세상 떠나가라 울고 있던 갓 태어난 핏덩이였다. 어미 고양이는 그 옆에서 말없이 죽어 있었다. 누군가 간식에 약을 타서 길목에 놓아두었고 어미는 그것을 먹었던 것이다.

형이 녀석의 이름을 앙꼬라고 지어주었다. 앙꼬는 태어나서 처음 본 것이 제 어미가 아니라 사람이었기 때문인지 사람을 무척 잘 따랐다. 슬픈 기색 하나 없이 밝고 명랑하게 무럭무럭 자라났다. 고양이를 이렇게 가까운 거리에서 마주보는 건 난생처음이었다. 주먹보다도 작은 이 생명체를 가만히 안고 있으면 따뜻한 온기가 느껴져서 녀석이 살아있음에 새삼 감사함을 느끼곤 했다.

한번은 이놈이 내 몸 위를 기어 다니면서 온몸을 발톱으로 할퀴고 깨물었다. 피가 날 정도로 세게 긁어서 살갗에 상처가 생기고 너무나 아팠다. 고양이가 입질하고 발톱 긁는 게 당연한 일이라고 들어서 처음엔 대수롭지 않게 생각했는데 갈수록 정도가 심해졌다. 검색해보니 사람은 입질의 대상이 아니라는 사실을 고양이가 어릴 때 깨달을 수 있게끔 해줘야 한다고 했다. 따끔하게 혼내주고 버릇을 잘 들여놓는 게 반려묘에게 결국 도움 되는 일이라고 했다. 그래서 큰마음을 먹고 혼을 내주기로 했다. 녀석이 나를 깨물자마자, 눈을 크게 뜨고 '아야!' 하고 소리 지르면서 아픈 티를 팍팍 냈다. 그러고는 일부러 소리 나게 방문을 쾅, 닫고 들어가버렸다. 그리고 얼마 후, 외출할 일이 있어 앙꼬를 내버려 두고 집 밖으로 나왔다.

앙꼬의 존재를 까맣게 잊고는 한참 동안 볼일을 보고 나서 집에 돌아왔다. 현관으로 들어섰는데, 외출하고 돌아올 때마다 문 앞에 앉아서 기다리던 앙꼬가 보이지 않았다. 집 안 구석구석을 다 뒤져서, 어두컴컴한 방 한구석에서 웅크리고 숨어 있던 앙꼬를 간신히 발견했다. 녀석은 눈을 동그랗게 뜬 채로 쭈뼛거리고 물러서며 나에게 다가오길 꺼렸다. 겁에 질린 거라고 생각했다. 너무 윽박질렀나 싶어 괜히 미안했다. 이 아이를 위해서 했던 내 나름의 훈육이 완전히 잘못된 방식이었나 하고 생각했다.

미안한 마음을 담아 천천히 달래주자 앙꼬가 서서히, 조심스럽게 앞발을 내밀어 내 손바닥 위에 살포시 올려놨다. '우리 다시 친구로 지낼 수 있는 거야?' 하고 말하는 듯한 눈빛과 행동이었다. 앙꼬는 내 몸 위로 다시 천천히 기어오르기 시작했다.

그때, 난 갑자기 눈물이 터져 나왔다.

녀석이 최선을 다해 자신의 발톱을 안으로 집어넣고, 발바닥만을 이용해서 비틀비틀하며 내 몸 위로 힘겹게, 힘겹게 기어오르고 있었기 때문이었다. 앙꼬는 내가 없는 동안 집 안에 혼자 남아 자신의 발톱을 원망하고 있었던 것이었다. '내 발톱이 친구를 아프게 했어. 이따위 발톱은 차라리 없는 게 나아. 다시는 이 발톱으로 누군가를 아프게 하지 않을 거야.' 이 자그마한 생명체가 그런 생각을 하고 있었다는 사실이 녀석의 위태로운 발바닥을 통해 순식간에 느껴졌고, 나는 견딜 수 없이 묘한 감정을 느꼈다.

유디티 이야기인 줄 알고 읽기 시작한 책에 갑자기 웬 고양이 이야기인가 싶었을 것이다.

서두를 앙꼬 이야기로 시작할 수밖에 없었던 이유는 이 장황한 글을 쓰게 된 계기가 바로 그러한 내 안의 '앙꼬스러움'에서 비롯되었기 때문이다.

순탄치만은 않은 삶을 살아오면서도 나는 긍정적인 사고 방식과 태도로 타인을 진심으로 대하려 애썼다. 내가 할 수 있는 한 사랑하는 사람들에게 도움을 주는 것도 아깝지 않다고 생각했다. 이러한 내 삶의 태도는 몇몇 사람들에게 삶의 전환점이 되거나 때로는 큰 영감을 주기도 했다. 나로 인해 상처받고 화가 났던 사람도 있었겠지만, 그 모든 행동은 미숙했던 내 어린 날의 실수였거나 오해에서 비롯되었을 뿐 애초에 상처를 주려는 의도는 아니었다. 도움이 되는 사람, 즐거움을 주는 사람, 함께 있으면 좋은 사람, 그것이 많은 이들이 가졌던 나에 대한 인식이었고, 또한 내가 생각하던 나 자신의 정체성이기도 했다. 이러한 자기 인식을 통해 순탄치 않았던 모든 상황을 긍정적으로 생각하고 버텨낼 수 있었다. 말하자면 나는 일종의 '희망 전도사'에 가까웠다고 생각한다.

그런데 언젠가부터 내가 슬픔의 전도사가 된 것 같이 느껴졌다. 내가 겪은 일들을 아는 사람은 내 이름을 들으면 쉬이 슬퍼했고, 동정과 연민을 보냈다. 그건 그들이 나를 아끼고 사랑했기 때문이었을 것이다. 그러나 나는 내 이름이 누군가에게 슬픔과 고난의 대명사로 인식된다는 것이 죽기보다 싫었다. 나의 슬픔을 나눠 짊어졌던 사람들이 그로 인해 아파하고 우울해지는 게 너무나 끔찍하게 느껴졌다. 내가 누군가에게 도움과 동정을 받아야만 하는 사람처럼 여겨지는 것 또한, 그들에겐 무척이나 미안한 얘기지만 몹시 자존심이 상했다. 타인이 보는 나와 내가 바라는 나의 모습 사이에 괴리가 생겨나면서 슬픔과 자기 동정의 늪으로 한없이 빠져드는 악순환이 지속되었다.

　유디티에 가게 된 이유는 한마디로 꼬집어 얘기하기 힘들 정도로 다양하고 복잡했다. '신비한 힘에 이끌려서', '문신을 새길만 한 경험을 위해서', 혹은 '할렘 가에 입성하기 위해서' 정도로 눙쳐서 가볍게 얘기해두자. 그러나 그 많은 이유들 중 하나는 분명히 이것이었다. '나는 더 이상 슬픔의 전도사가 아니야. 이것 봐, 나 대한민국 유디티잖아. 나는 무척 강하게 잘살고 있어. 그러니 더는 나로 인해 슬퍼지지 마. 나를 걱정하지 마.' 이러한 얘기를 나로 인해 슬픔을 느꼈던 많은 사람에게 들려주고 싶었던 것 같다. 실로 앙꼬스러운 이유였다.

유디티에 오게 되면서 핸드폰 번호도 바뀐 채 잠적해 버려서 대부분의 지인과 연락이 두절된 채로 지냈다. 몇몇의 연락처를 알더라도 쉽게 연락할 수가 없었다. 군인은 나라의 자식이라는 생각으로, 전역하는 마지막 날까지 국가와 국민에 헌신하다가 떳떳하게 사람들을 만나고 싶다는 생각이 컸다. 그런 생각으로 살아가다 보니, 보고 싶은 사람을 만나 하하호호 웃으며 좋은 시간을 보내는 게 당시에는 사치처럼 느껴지기도 했다. 그렇게 세상에 없는 사람처럼 지낸 지 벌써 5년이라는 시간이 흘렀다. 이 글을 처음 쓰기 시작한 목적도 사실은 옛 벗들에게 내 그간의 안부를 전하는 일종의 편지였다. 내 지난 시간을 도무지 한마디로 설명할 재간이 없기에 필설로 손쉽게 갈음하려는 의도였다. 그래서 지극히 사적인 내용까지 솔직하게 풀어낼 수 있었다.

글을 쓰기로 마음먹자마자, 경남 의령에 위치한 지인의 별장을 섭외하여 모든 외부와의 접촉을 차단한 채 집필에 몰두했다. 첫째 날은 훈련 받던 시절의 일기와 편지를 전부 꺼내어 살펴봤다. 둘째 날과 셋째 날에 초고를 거의 일필휘지로 써냈다. 넷째 날에 나름의 퇴고를 시도했다. 그러나 글 자체가 너무 아파서 거의 퇴고하지 못했다. 이 글의 마지막은 '잘 지냈어?'로 시작하는 편지글이었으나 출판으로 방향을 선회하면서 에필로그만 흐름이 약간 바뀌었다.

몇 군데 출판사와 출간 계약을 타진했고 계약 직전의 상황까지 갔다. 하지만 종국에 마음이 바뀌어 결국 모든 계획을 백지화하였다.

먼저 스스로의 다짐이 생각났기 때문이었다. 나는 전역하면 유디티 이름에 기대어 성공하고 밥 벌어 먹고살지는 않으리라고 다짐했었다. 나는 전역해서 드넓은 세상으로 내 살 길 찾아 떠나왔지만, 그곳엔 지금 이 순간에도 '유디티' 세 글자가 주는 가슴 뜨거운 명예 하나만을 생각하며 밤이고 낮이고 피땀 흘리는 선, 후배들이 남아있다. 한번은 어떤 선배가 '넌 나가면 그만이지만'이라는 얘기를 했다. '나도 선배만큼이나 유디티를 가슴 깊이 사랑한다'라고 감히 맞서 얘기하고 싶었을 정도로 서운했다. 그렇지만 그 선배가 왜 그렇게 말하게 됐는지 금방 이해가 갔다. 남아있는 사람들은 전역하는 동료들을 늘 아쉬운 마음으로 떠나보내는 입장이었기 때문이었다. 어떤 선배는 나에게 '너도 스펙 따러 왔냐?'라고 얘기하기도 했다. 나에게 유디티는 마지못해 지나가는 하나의 관문이나 스펙이 결코 아니었다. 그러나 사회에 나와서 유디티 이름에 기대어 살아가려 할 때마다 유디티가 고작 스펙의 수준으로 전락하게 될까 봐 두려웠다. 이러한 이유로 내가 유디티였다는 사실을 나와 친한 사람이거나 정황상 불가피한 경우가 아니면 대놓고 말하지는 않았다. 완전히 새로운 분야에서 새롭게 터전을 닦고 스스로 힘으로 먼저 성공하고 싶었다. 그리고 난 이후에 '사실 그는 유디티였다'라고 우연히 알려지면 이것이야말로 현역들의 사기를 제고하고 부대의 위상을 드높여주는 길이라고 믿었다. 충동적으로 글을 써 내려갔으나, 결국 이런 생각 끝에 유디티 이야기로 글을 써서 출간하는 게 영 내키지 않게 되었다.

둘째로는 이것은 어디까지나 미완의 이야기인 까닭이다. 글 쓰는 게 이렇게 어려운 일인 줄을 예전에는 미처 알지 못했다. 읽고 쓰지 않은 채로 몇 년을 몸을 굴리고 총만 쐈더니 머릿속에 그나마 굴러다니던 멋진 낱말과 문장은 모조리 사라져버렸다. 머릿속이 백지가 된 느낌이었다. 군대 오기 전에 지니고 있던 사고력과 문장 구성 능력 또한 거의 초기화됐다. 삶의 과제들에 대해서 스스로 내렸던 결론들도 발전하지 못한 채 모조리 제자리걸음이었다. 그것을 현상 유지 수준으로 어느 정도 지켜냈다는 사실만으로 기뻐할 수도 있겠으나, 어찌 됐든 미완의 글을 자랑스럽게 내보일 수는 없었다. 문장 구성도 엉망이고 문단 구성도 맥락이 맞지 않는 부분이 많았다. 세상에 나오기에는 아직 내 글이 너무나 창피한 수준이라는 생각이 들었다.

셋째로, 아픔과 다시 직면한다는 건 언제나 어려운 일이다. 게다가 그것을 세상에 있는 그대로 열어 보인다는 것은 엄청난 결심과 자기 확신이 필요한 일이다. 의령의 골방에 틀어박혀 이 글을 집필하면서, 어떤 부분에서는 한 줄 쓸 때마다 한 번씩 오열할 정도로 정신적으로 무척 많은 에너지를 소모했다. 탈고 후에 한동안은 정신적으로 위태로운 상태가 지속되었다. 이 책이 출간되면 내가 또다시 '슬픔의 전도사'가 되는 것은 아닐까. 나는 이만큼 강해졌으니 더는 걱정하지 말라고 사람들에게 얘기하고 싶은데, 내가 정말 슬픔을 극복하기는 한 걸까. 이런 생각들에 대해 어떤 것도 쉽사리 확신할 수 없었다.

이러한 생각의 흐름 끝에 계약은 엎었고, 원고는 잠정 폐기된 채 한동안 방치되었다. 그리고 원래의 목적대로 내 지인들 몇몇에게 오랜만에 안부를 전하는 용도로 쓰이거나, 나를 잘 모르는 사람에게 내가 가진 생각과 지나온 삶을 한 번에 소개하기가 애매할 때 일종의 '자기소개서' 정도로 쓰였다. 이 한 권으로 내 지난 몇 년의 시간을 사람들에게 손쉽게 전달할 수 있었고, 사람들 또한 나라는 사람에 대해서 한순간에 명확히 파악할 수 있게 되어 서로 편리했다.

내 글을 본 많은 사람들이 감동을 받거나 이상한 여운에 사로잡혔다고 했다. 고마운 일이었다. 출간을 해서 내 이야기를 세상에 알리면 좋겠다는 요청이 많았다. 나 또한 출간에 계속 미련이 남았으나 그리 적극적으로 시도하지는 않았다. 대신 다음 행보를 '영화'로 정하고 홀로 영화 공부에 매진하고 있었다. 언젠가 세상은 영화가 될 것이라는 들뢰즈의 문장을 사실로써 받아들이고 있던 까닭이었다. 또한 영화야말로 세상의 관심으로부터 소외되어있는 언더독들의 이야기를 세상의 수면 위로 띄우기에 가장 적합한 도구라고 생각했기 때문이기도 했다. 영화라는 분야가 제너럴리스트인 내 성향과 잘 맞으리라는 판단도 한몫 거들었다. 그것이 어렵다거나 남들보다 출발이 늦었다거나 실현하는 게 불가능에 가깝다는 사실은, 영화가 내 인생에서 필수 불가결한 과정이리라는 판단 앞에서 그다지 중요하지 않게 되었다. 시간이 얼마나 걸리든 이 분야에서 성과를 낸 이후 내가 유디티였음을 알릴 것이지, 유디티였음을 알려서 영화 하지는 않을 것이라고 내게 출판을 권유하는 사람들에게 얘기했다. 그렇게 나는, 나와 내가 사랑하는 사람들의 이야기를 당분간 영화로 만들며 살아야겠다고 다짐한 채로 연기와 시나리오를 배우고 있고, 곧 연출 수업도 시작한다.

연기 수업이나 시나리오 수업 중 무언가를 표현하고 창작해내야 할 때마다 내 지난 날들을 돌아보지 않을 수 없었다. 결국 모든 이야기는 자신의 이야기에서부터 시작하는 법이다. 사람은 자신이 겪어온 방식대로 세상을 바라보기 때문이다. 내가 살아온 지난 30여 년의 세월에서 유디티를 빼고 나면 너무나 큰 비약이 생겨버린다는 사실을 문득 깨달았다.

나는 인생의 어느 시절에는 내 이름을 내다버리고 오직 유디티 이름 석 자만 가슴에 새기고 살았다. 군인이라는 신분으로 살아가는 마지막 날까지 유디티라는 이름에 부끄러움이 없기를 바라며 지냈다. 무슨 대단한 군인 정신 납셨네 싶어서 낯부끄럽기도 하지만, 이것이 지난 5년간의 나를 설명하는 한 문장임을 부정할 수는 없다. 누가 알아주든 알아주지 않든 상관없었다. 내가 실력이나 명성에서 최고가 아니어도 상관없었다. 나는 과시하기 위해서 이 길을 걸은 게 아니었고, 이들은 내 전우이지 경쟁자가 아니기 때문이었다. 오직 나 자신에게 '너는 부끄러움 없는 유디티였느냐?'라고 물어봤을 때 스스로 그렇다는 대답이 나오기만을 원했다. 그리고 그렇게 지내려고 무척이나 애썼다. 자정이 다 되도록 야간 훈련하며, 초과 근무를 초과 달성하며, 전국 방방곡곡으로 훈련 다니며, 팀원들과 땀 흘리고 함께 울고 웃으며, 그렇게 여한 없이 보냈던 시절이었다. 나는 이 시절에 푹 빠져서 살았고, 이 모든 장면은 내 가슴 속에 문신처럼 영원히 새겨졌다. 그런 내 인생에서 유디티를 쏙 빼면 어떤 것도 말이 되지 않는다.

유디티로 살았던 시절은 그야말로 영화의 한 장면처럼 내 안에 전부 남아있다. 유디티는 내 인생의 클라이맥스였다고 말해도 전혀 이상하지 않을 만큼 앞으로 다신 없을 뜨거운 시간이었다. 그러나 최고의 날들은 아직 살지 않은 날들이라고 했던가. 유디티가 내 인생이라는 영화의 어느 지점인지는 그런 의미에서 아직은 명확히 알 수 없다. 아니, 나는 절정이라 불러도 아깝지 않을 이 시간이, '기껏해야' 앞으로 나아갈 여정의 1막에 불과하다고, 아직 내 영화는 고작 10분밖에 흐르지 않았다고 현 시점에서 과감히 얘기해두고 싶다. 도달해야 할 클라이맥스는 아직 한참 멀었다. 이제야 겨우 내 영화의 등장인물과 상황 정도가 설정되었다. 이 길의 끝에 얼마나 원대한 절정이 기다리고 있길래 이렇게나 극적인 상황이 세팅되어야만 했던 것인지를 생각한다.

그래서 나는 내 인생이라는 영화의 뜨거운 1막이었던 유디티 시절에 관한 이 이야기를 다시 출간하기로 마음먹었다.

다시 앙꼬의 이야기로 돌아가본다.

앙꼬는 친구를 아프게 했던 자신의 발톱을 원망했다. 그래서 자신의 발톱을 감추려 애썼다.

그러나 나는 어떤 것도 감추지 않는다.

나의 '발톱'이 다시 누군가를 슬프게 하더라도, 내가 슬픔의 전도사처럼 다시 사람들의 마음을 아프게 하더라도 이제는 괜찮다고 말할 수 있을 것 같다. 아직은 미완인 나의 이야기를 온 세상이 맘껏 비웃고 오해하고 동정해도, 이제는 정말 아무렇지 않을 것 같다.

이 이야기는 결국 해피엔딩으로 향해가고 있다고 확신하는 까닭이다. 그래서 과정 중에 찾아오는 모든 슬픔은 기쁨의 카타르시스를 위한 전초전이라고 믿는 까닭이다.

나는 나를 감추는 대신 이렇게 말하고자 한다.

"나의 발톱은 너를 아프게 하려는 게 아니야.
난 그저 이렇게 태어났을 뿐인걸.

지금부터 내 발톱에 대해서, 아주 잠시만 얘기할 시간을 좀 주겠어?

음, 일단… 다들 너무 보고 싶었어!"

목차

프롤로그   5

1. 내가 유디티가 된 이유   24
2. 진해   34
3. 삼천리   46
4. 생환훈련대   58
5. 부사관교육대대   74
6. 유디티   84

   6-1. 75번 교육생   86
   6-2. 밥걸이   90
   6-3. 깡   96
   6-4. 잠영   102
   6-5. 고소공포증   108
   6-6. 이름표   113
   6-7. L   119

6-8. 지옥주	125
– 7월 24일	126
– 7월 25일 ~ 29일	133
– 7월 30일	145
6-9. 국민신문고	150
6-10. 한라산	155
6-11. 생식주	161
6-12. 살아있음에 대하여	172
6-13. 예술에 대하여	177
6-14. 진해 여행자	186
6-15. 수료	193
에필로그 내가 유디티가 된 이유를 쓴 이유	194

1

Professional Amateurism

내가
유디티가 된 이유

> **(일반학) 본인의 살아온 환경과 개인 신상 및 유디티 훈련에 임하는 마음가짐을 솔직하게 적으시오.**

    저는 성균관대학교 철학과를 중퇴했습니다. 교육 제도에 대한 환멸을 느끼기도 했지만, 도저히 학업을 지속할 상황이 아니라고 생각했습니다. 어머니께서 말기 암 판정을 받으셨는데도 아픈 몸을 이끌고 과외 수업을 이어가시는 상황을 두고 볼 수는 없었기 때문입니다. 스물한 살의 나이로 저는 하이매쓰 영어 수학 과외 전문교실의 원장 직함을 달게 되었습니다. 그렇게 입대 전까지 아이들을 가르치고 여러 아르바이트를 하며 돈을 벌었습니다.

아버지는 평생 직업 없이 지내셨습니다. 심각한 알코올 중독이었습니다. 말년에는 의처증과 망상 장애까지 심해지면서 어머니의 부정을 의심하셨습니다. 입에 담기 힘든 욕설과 고성이 밤마다 오갔고 식칼이 날아다니기도 했습니다. 경찰이 집에 자주 찾아왔습니다. 갈보라는 단어의 의미를 그 무렵 알게 되었습니다.

어머니는 아버지가 첫 남자였습니다. 남자 보는 눈이 없었던 어머니는 그 대가로 평생을 아버지라는 지옥 속에 갇혀 살아야만 했습니다. 일하지 않던 아버지를 대신해서 삼 남매를 키우셔야 했던 어머니는 학원에 출강하기 시작했습니다. 전공은 사학과였지만, 돈이 잘 벌리는 수학 과목을 독학하셨습니다. 어머니는 대형 학원에서 금방 탑 강사가 되셨고, 저희 가족은 위태로운 와중에서도 그런대로 벌어먹을 수 있게 되었습니다. 나중에는 작은 보습학원까지 운영했는데 잘되지 않았고, 결국 빚만 늘어난 채로 접게 되었습니다.

그때부터가 비극의 시작이었습니다. 아버지는 우리 삼 남매와 어머니와 함께 다 같이 만리포 해수욕장에서 번개탄을 피우고 저세상으로 가자고 하셨습니다. 바람을 피우기도 하셨습니다. 집안에 쌓여가던 소주병 수는 나날이 늘어갔습니다. 아버지는 밤마다 어머니를 때리기 시작했습니다. 어머니는 얻어맞아 판다처럼 새카매진 눈두덩을 두꺼운 파우더로 감추시곤, 밤새 너덜너덜해진 몸과 마음을 이끌고 다시 학원에 나가셨습니다.

저에게는 형과 누나가 있습니다. 선하고 성실한 자식들이 이 집안의 유일한 희망이었습니다. 그러나 아버지의 폭주에 사춘기 내내 시달렸던 형은 조현병을 얻어 군대를 면제받았고 누나는 마음의 상처를 안고 살아가게 되었습니다. 형은 정신과 치료를 받으러 다니던 중에 신천지에 포섭되었습니다. 어머니는 형에게 힘을 실어주고 싶어서 함께 성경 공부를 다니기 시작했습니다. 저는 신천지가 무엇인지도 잘 몰랐고, 사이비니 이단이니 하는 세상의 단어는 중요하지 않았습니다. 나의 형과 어머니가 그곳에서 위안을 얻는다면 그걸로 충분하다고 생각했습니다. 그러나 이단은 '다를 이'에 '끝 단' 자를 쓴다고 했습니다. 끝이 달라서 이단이라는 얘기를 듣고 무너져 내렸습니다. 아무리 열심히 신앙생활을 해도 결국 지옥 불에 떨어진다는 뜻이었습니다. 천국이니 지옥이니 하는 소리를 저는 믿지도 않습니다. 그러나 만에 하나 천국이라는 곳이 있다면 저 사람은 꼭 천국에 갔으면 좋겠다는 생각이 들었습니다. 이생에서 고통받은 영혼을 그곳에서는 꼭 치유하고 구원받기를 바랐습니다. 여기에서도 불행한데 죽어서도 지옥 불에 떨어진다고 하니 견딜 수 없이 마음이 아팠습니다. 울부짖으며 설득한 끝에 어머니는 세뇌됐던 신천지 교리에서 기적적으로 완전히 해방될 수 있었습니다.

반년 시한부를 선고받았던 어머니는 끝끝내 4년여를 더 살다가 영면하셨습니다. 고난의 가시밭길만 걸어오셨던 어머니께서 가실 때만이라도 꽃길을 밟으시면 좋겠다는 생각이 들었습니다. 주제넘게도 병원에서 가장 큰 장례식장을 잡았습니다. 테이블 하나 놓이지 않은 텅 빈 빈소는 광활한 우주처럼 넓고 아득하게만 느껴졌습니다. 내가 이것을 채울 수 있을까 하는 두려움이 들었습니다. 페이스북에 부고장을 올렸습니다. 부조 한 푼 필요 없으니 나를 아는 누구라도 찾아와서 한 여인의 죽음을 진정으로 슬퍼하고 명복을 빌어달라고 적었습니다. 살면서 저와 티끌만큼의 인연이라도 맺었던 거의 모든 사람이 찾아왔습니다. 영영 채울 수 없을 것 같았던 빈소는 사람들로 인산인해를 이루었습니다.

　아버지는 어머니가 돌아가신 후에도 평소처럼 술만 드셨습니다. 어느 날은 술에 취해서 방 안에 대변을 보셨습니다. 온 집안에 냄새가 진동했습니다. 처참한 광경에 도무지 잠들 수가 없었습니다. 저의 정신이 한계에 다다라 미쳐버릴 것 같았습니다. 상복도 갈아입지 못한 채로 집을 나와 딱딱한 찜질방 방바닥에 홀로 누워서, 저럴 거면 아버지도 그냥 콱 죽어버렸으면 좋겠다는 생각이 문득 들었습니다. 그리고 며칠 뒤, 아버지는 정말로 자살하셨습니다. 어머니가 드시던 항암제를 소주에 가득 타서 드셨던 것이었습니다. 아버지의 시신을 발견한 그 새벽, 죽은 사람의 인중과 손가락에 물방울이 맺힌다는 사실을 알았습니다. 그리고 영혼이 빠져나간 아버지의 표정을 보면서, 영혼이 진작에 죽어버린 줄 알았던 이 사람도 그때까지 영혼을 간직하고 있었구나 하고 생각했습니다. 어머니를 염한 지 나흘 만에 아버지의 상을 치렀습니다. 같은 빈소를 잡았고 같은 사람들이 다시 찾아와서 함께 울어주었습니다.

저는 초, 중, 고 내내 학생회장이었습니다. 학업 성적도 우수하고 교우관계도 좋은 성실한 학생이었습니다. 살면서 실수도 잦았고 누군가에게 상처를 준 적도 많았지만, 매 순간 모든 사람을 진심으로 대하려고 애썼습니다. 운이 좋게도 살면서 좋은 사람들을 많이 만날 수 있었기에 이러한 환경 속에서도 저는 정신을 온전히 유지할 수 있었습니다. 그 사람들이 모두 찾아와 함께 울어준 덕분에 제가 아직 이렇게 살아있습니다. 제가 잘못된 인생을 살아오지는 않았다고 생각하게 되었습니다. 영원히 벗어날 수 없을지도 몰랐던 절망과 슬픔의 구렁텅이에서 가까스로 빠져나와서 이제는 그들에게 보답하기 위해서 살고 있습니다. 어머니와 아버지를 보내드린 후에야 저는 해결하지 못했던 입대라는 숙제를 해결할 수 있었고, 흘러 흘러 여기 유디티 훈련소까지 들어오게 되었습니다.

저는 이곳에서 훈련하면서 제 안에 있는 나약함과 게으름, 스스로 규정한 한계를 박살 내고 싶습니다. 그래서 이 훈련을 누구보다 떳떳하게 받고 싶습니다. 하찮은 두려움에 사로잡힌 채로 저에게 닥친 고난을 피하거나 외면하지는 않으려고 합니다. 자기 자신을 속이지 않으며 누군가에게 보여주기 위해서 훈련받지 않으며 아무도 알아주지 않아도 오직 자신의 가치를 스스로 떳떳하게 인정하기 위해서만 이 훈련에 임할 것입니다. 여기에서 하루하루 버티고 승리하는 모든 순간을 영광스럽고 가슴 벅찬 순간들로 기억하고 싶습니다.

다음 주에는 지옥주가 시작됩니다. 7월 25일부터 29일까지 이어지는 지옥주 날짜를 알게 되고 나서 어떤 미지의 힘이 저의 이 시간을 감싸고 있다는 신비감을 느꼈습니다. 저의 어머니 기일은 7월 24일이고, 아버지의 기일은 7월 30일입니다. 하루의 오차도 없이 정확히 그 두 날짜 사이에 지옥주 훈련이 예정되어 있다는 사실을 마냥 우연의 일치라고 볼 수는 없을 것 같습니다. 아무리 힘든 훈련도 결코 그때보다 지옥일 수는 없다는 생각이 들었습니다. 그래서 두렵고 긴장되는 마음이 순식간에 사라지고 저는 점점 자신이 생깁니다.

열심히 하겠습니다.

2

Professional Amateurism

진해

"나는 이런 생각이 든다. 어떤 사람들은 자기가 태어날 곳이 아닌 데서 태어나기도 한다고. 그런 사람들은 비록 우연에 의해 엉뚱한 환경에 던져지긴 하였지만 늘 어딘지 모를 고향에 대한 그리움을 가지고 산다. 태어난 곳에서도 마냥 낯선 곳에 온 사람처럼 살고, 어린 시절부터 늘 다녔던 나무 우거진 샛길도, 어린 시절 뛰어놀았던 바글대는 길거리도 한갓 지나가는 장소에 지나지 않는다. 어쩌면 가족들 사이에서도 평생을 이방인처럼 살고, 살아오면서 유일하게 보아온 주변 풍경에도 늘 서먹서먹한 기분을 느끼며 지낼지 모른다.

낯선 곳에 있다는 느낌, 바로 그러한 느낌 때문에 그들은 사랑을 느낄 수 있는 뭔가 영원한 것을 찾아 멀리 사방을 헤매는 것이 아닐까. 또는 격세유전으로 내려온 어떤 뿌리 깊은 본능이 이 방랑자를 자꾸 충동질하여 그네의 조상이 역사의 저 희미한 여명기에 떠났던 그 땅으로 다시 돌아가게 하는 것일까. 그러다가 그는 여태껏 한 번도 보지 못한 풍경, 여태껏 한 번도 보지 못한 사람들 사이에, 그들이 죄다 태어날 때부터 낯익었던 풍경과 사람들이었던 것처럼 정착하고 만다. 마침내 그는 이곳에서 휴식을 발견하는 것이다."

― **서머싯 몸, 〈달과 6펜스〉 중**

(민음사, 2000, p.253-254)

처음 진해를 알게 됐던 스무 살의 어느 가을날을 기억한다. 당시 활동하던 대한학생회라는 학생 단체에서 고등학생을 대상으로 한 멘토링 사업을 진행하였고, 나와 동기 둘은 진해여자고등학교에 한 학년씩 맡아서 멘토로 투입되었다. 당시 내가 했던 이야기는 아마 공부와 입시에 관한 동기부여와 몇 가지 소소한 학습 팁이었던 것으로 기억한다. 그 당시 나의 머릿속을 지배하고 있던 '사람은 무엇으로 사는가' 따위는 어린 학생들에게 던지기에는 너무나 버거운 질문이기 때문이었다. 멘티 학생들의 마음속에 그날이 잊지 못할 기억으로 아직 남아있을지는 잘 모르겠다. 그러나 나는 그날을 결코 잊을 수 없다. 누가 그랬던가. 스무 살이 지나고 나면 스물한 살이 오는 것이 아니라 스무 살 이후가 오는 거라고.

스무 살이라는 특별한 이름이 주는 모든 매력이 그 순간들 속에 있었다. 강연이 끝난 우리는 해안도로를 지나 진해루로 갔다. 편의점에서 팩 소주를 사서 마셨다. 그날의 밤바람, 해안 도로, 평온한 진해의 바다. 그 모든 풍경. 그야말로 스무 살다웠다. 그때 나는 알았을까. 이 도시와 내가 이렇게까지 얽히고설키게 될 줄은. 그때까지만 해도 나는 이곳이 해군의 도시이자 벚꽃의 도시인 줄도 몰랐다.

그 뒤로 매년 진해에 여행을 왔다. 도시의 삶에서 지쳐 있던 나를, 이 도시는 어머니의 양수처럼 언제나 한결같이 품어주었다. 이곳에서 얻었던 마음의 안식이 이곳이 아닌 곳에서의 삶을 포기하지 않고 살아가게 하는 동력이 되었다. 친구들이 군대를 두세 번은 갔다 올 늦은 나이에 입대하게 되었다. 스물다섯에 해군 수병으로 입대하면서 다시 진해와 연을 맺었다. 훈련소 입소를 앞두고, 나는 지인과 함께 진해루 앞에서 통통배를 빌려 그 위에서 한적한 시간을 보냈다. 잔잔하게 진해 앞바다를 떠다니던 와중에 나는 다시 한번 이 고장의 고즈넉함이 나를 편안하게 감싸고 있다는 느낌을 받았다. 문득 이 고장에서 살고 싶다는 생각이 들었다. 결국 이렇게 직업 군인이 되어 5년 가까운 시간 동안 진해에서 살게 될 거라고는 그땐 미처 상상하지 못했다. 전역하고 서른을 맞이한 지금에 와서 보면 내 이십 대는 진해에서 잉태되어 진해를 살았고, 진해에서 장사 지내게 된 셈이다.

사실 군에 입대하기까지 우여곡절이 많았다. 장교로 복무하려고 성균관대 ROTC를 지원했지만, 문신이 있으면 임관할 수 없다고 하여 면접을 앞두고 그만두었다. 어머니께서 중병을 얻어 일반병으로 현역 입대할 수도 없던 상황이었다. 그러다가 문득 음악으로 다시 대학 진학을 하고 싶다는 꿈이 생겼다. 군 문제가 걸려서 알아보던 중 방위 산업체 대체 복무 제도를 알게 되었다. 3년간 방위 산업체에서 월급을 받으며 근무하면 병역 문제를 해결할 수 있는 제도였다. 월급과 퇴근이 있으니 음악 입시를 준비하기에는 완벽한 해결책이었다. 특정 자격증만 있으면 지원 자격이 된다고 하여 전자기기기능사를 급하게 땄는데, 바로 그때 제도가 폐지되었다. 인문계 고등학교 졸업자는 그해부터 방위 산업체 지원이 불가능하게 됐다. 지긋지긋했다. 이럴 거면 차라리 군대를 면제받을 방법이 없나 찾아보기도 했다. 가정 형편도 어려웠지만, 나에게는 일종의 수면 장애 비슷한 게 있었다. 잠을 한없이 깊게, 오래 자서 그 누구도 나를 깨울 수 없을 정도였다. 어떤 날은 48시간 동안 잠만 자기도 했다. 가정 형편과 수면 장애 사유로 인한 군 면제 사례들도 잠시 조사해보았으나 금방 그만두었다. 만약 면제받을 수 있었다고 해도 그러고 싶지는 않았다. 대한민국 남자라면 다 갔다 오는 게 군대 아닌가. 나는 우연히 이 세상에 태어났고 어쩌다 보니 조금 가난할 뿐이지만 어쨌든 평범한 한 사람의 시민이 아닌가. 가난을 핑계로 누구나 다 하는 의무로부터 겁쟁이처럼 도망치고 싶지는 않았다. 그렇지만 마음속에서 끓어오르는 울분을 해소할 길이 없었다. 해병대 특수수색대에 지원해야겠다는 생각이 들었다. 당시 절친한 친구가 해병대 수색교육대 조교였다. 이 친구라면 내 울분을 박살 낼 만큼 제대로 굴려줄 수 있을 듯싶었다. 입대하면 철저하게 굴려달라고 따로 부탁도 했다. 당시 시력이 좋지 않아 라섹 수술을 했고 운동도 거의 처음 시작했다. 바로 그때 이모부가 나를 불러 얘기했다.

"어머니를 돌볼 사람은 너밖에 없다. 힘들겠지만 상황으로부터 도망치려 하지 마라."

도망치려 한다는 말이 너무나 정확한 내 심정이었음을 깨닫자 그 자리에 주저앉아 오열했다. 나는 인생이라는 미로에서 결코 도망칠 수 없는 사람이라는 사실을 그때 깨달았다. 도전다운 도전도 못 해본 채로 입대는 기약 없이 미뤄져야만 했다. 그렇게 두 해 더 어머니를 모시고 지내다가 스물넷이 되어서야 치러야 할 숙제들을 끝냈고, 가까스로 마음 편히 입대할 수 있는 상황이 되었다.

육해공군을 다 넣었지만, 결국 진해라는 이름 하나 때문에 해군으로 입대했다. 누가 알아주지도 않겠지만, 그리고 해군 전역자라고 해서 사회에서 딱히 대우받지도 않겠지만, 기왕 떳떳하게 상황을 직면하기로 했으니 끝까지 떳떳해지고 싶었다. 그래서 삼천리를 두 다리로 걸어서 해군 훈련소까지 갔다. 훈련소에 들어가면서 나는 최고의 수병이 되리라고 다짐했다. 군대라고는 계급도 제대로 몰랐던 내가 다가올 2년여의 시기만큼은 철저하게 군인 정신으로 살고자 마음먹은 채로.

그러나 입대해서 봤던 훈련소의 광경은 생각했던 모습과

는 좀 달랐다. 운동을 제대로 해본 적도 없어서 체력 면에서 월등하지도 않았다. 모든 훈련이 더 고통스럽고 나의 열정을 자극했으면 싶었는데 그렇지 못했다. 게다가 나는 항공병이었다. 항공병과를 선택했던 이유는 단순히 경쟁률이 가장 높아서였다. 경쟁률이 높다는 건 뭔가 좋은 곳이기 때문이라고 생각했다. 그런데 알고 보니 해군 수병 중에서 편하기로는 세 손가락 안에 꼽히는 직별이라는 사실을 알게 됐다. 항공병과를 무시하는 것이 아니라, 해군 병들 사이에서는 함정 근무를 하지 않고 육상에서 근무하는 직별을 편한 직별로 취급하는 경향이 있었다. 이렇게 편안하게 생활하려고 이 나이에 군에 들어왔나 싶었다. 그때 유디티를 알게 되었다. 훈련소에서 만났던 동기 중 나이도 많아 보이고 몸도 좋고 꽤 험상궂게 생긴 동기가 있었다. 조금 친해지니 자기는 유디티를 준비하고 있다고 했다. 유디티? 그게 뭔데? 대한민국 최강이라고 했다. 일주일씩 안 자고 안 먹는 훈련을 한다고 했다. 내가 찾아 헤매던 바로 그것이었다. 유디티라는 이름은 순식간에 내 마음 깊은 곳까지 사정없이 파고들었다. 훈련소에서 틈틈이 운동하기 시작했다. 맨몸 스쿼트와 팔굽혀펴기를 시도 때도 없이 했다. 그 안에서 내가 할 수 있는 일들을 차근

차근히 해 나가면서 기초군사교육을 수료했다. 수료식 날은 군항제 기간이었다. 진해에 벚꽃이 만개해있었다. 온 세상이 하얗고 밝았다.

2. 진해

3

Professional Amateurism

삼천리

유디타라는 이름 석 자에 그렇게 순식간에 매료되었던 이유는 무엇이었을까. 아마 입대 전에 내가 걸었던 삼천리의 길 속에 그 답이 있을 것이다.

어떤 일도 마음대로 풀리지 않았던 스물넷의 삶을 살면서 꼭 이루고 싶던 하나의 꿈이 있었다. 바로 스페인의 산티아고 순례길을 걷는 것이었다. 과외 수업하고 일하고 돈 버느라 한 달 이상의 시간을 만들 수 없던 상황 속에서 살아왔지만, 입대 직전에는 시간을 낼 수 있으리라고 생각했다. 순례길을 걷기 위해 과외, 식당 서빙, 택배 상·하차 아르바이트 등 닥치는 대로 온갖 일을 하면서 급하게 돈을 모았다. 입대를 앞둔 시점에는 만날 사람도, 돈 나갈 일도 많았다. 그 길을 끝끝내 걸어보겠다고 돈과 시간을 아끼느라 사람들을 다 못 만나고 가는 게 아쉬웠다. 그런데도 끝내 스페인으로 출국할 수밖에 없었던 이유는 당시 내 처지 때문이었다.

어머니, 아버지의 상을 치르고 난 이후로 형제들과 사이가 좋지 않았다. 지금이야 모두가 힘든 시기였다고 생각하고 이해하지만, 당시에는 서로 예민하여 분노로 끓어오르던 가슴을 주체할 수가 없었다. 단출한 짐만 챙겨서 집을 나왔고, 바로 고시원을 잡았다. 집도 가족도 돈도 없는 상태였다. 거리에 나앉은 노숙인들과 처지가 다를 바 없다고 생각했다. 현실 앞에서 굴복할 것인가, 박살 내고 무찔러낼 것인가. 자칫 잘못하다가는 비루함의 늪에 영영 빠질 수도 있던 상황이었다. 박살 내보자. 어떤 동물도 자신을 스스로 동정하지는 않는다고 했다. 실의에 빠질 새가 도대체 어디 있는가. 기왕 집 없는 인생, 차라리 글로벌 홈리스가 되기로 다짐했다. 오대양 육대주가 다 내 집이라고 생각하니 마음이 편해졌다. 드넓은 세계가 나를 부른다는 생각이 들었다. 이러한 나에게 적합했던 길이 바로 산티아고 순례길이었다.

좋아하는 작가인 파울로 코엘료는 나이 마흔에 그 길을 걷고 인생의 큰 깨달음을 얻어서 작가로 전향했다. 길 위에 어떤 깨달음이 기다리고 있길래 중세부터 지금까지 셀 수 없는 사람들이 그곳에 다녀갔는지 궁금했다. 어떤 알 수 없는 힘이 나를 그 길로 자꾸 이끄는 듯한 신비한 느낌도 받았다. 파울로 코엘료는 그의 첫 소설인 〈순례자〉에서 이렇게 말했다. 자신은 길 위에 숨겨진 검을 찾아 헤맸지만, 결국 검 자체보다는 검을 쓰는 사람의 마음이 중요하다는 사실을 깨달았다고. 길 위에 서 있는 내 모습을 자꾸만 상상했다. 광활한 대지, 이국적인 사람들, 무수한 이들이 거쳐 간 고뇌의 자국들. 모든 것들이 매력적이었지만, 그 모든 것들 속에서 발견하게 될 내 내면의 검을 하루빨리 거머쥐고 싶은 마음이 가장 컸다. 그 길이 내가 누군지를 알려줄 수 있을 것으로 생각했다.

길을 걸으며 마음이 치유되는 느낌을 받기도 했고 셀 수 없는 영감을 얻었다. 5년이 넘게 지난 지금도 길 위의 사람들 하나하나가 마음속에서 생생하게 살아 숨 쉬고 있다. 내가 나아갈 길이 조금은 보이기 시작했고, 지금껏 만난 사람들과 겪었던 일들이 무슨 의미였는지 조금은 알게 됐다. 그렇게 800킬로를 걸은 후 귀국했다. 귀국하고도 입대 날까지 보름의 시간이 더 있었다. 나는 여전히 집도 가족도 돈도 없었다. 누구에게 신세 지기도 싫었다. 아무리 생각해도 비빌 곳이 없었다. 주변을 돌아보니 배낭은 풀어 헤쳐질 새도 없이 내 옆에 그대로 놓여있었다. 길 위에서의 삶이 어쩌면 내게 정해진 숙명일지도 모른다는 생각이 들었다. 배낭을 메고 다시 길 위로 올랐다.

입대 날까지 남은 시간을 고려해서 가장 나다운 길을 개척하기 시작했다. 부산에서 파주까지 국토대장정을 했던 적이 있었다. 같이 걸었던 일행들은 끝없이 이어지던 단조로운 도로의 풍경에 질려서, 국토대장정이 아니라 '국도대장정' 혹은 '구토대장정'이라며 투덜댔었다. 그런 뻔한 풍경을 보기 위해 다시 걷고 싶지는 않았다. 게다가 서울에서 진해까지 걸어가기에는 시간도 촉박했다. 목포와 진해에는 평생 잊을 수 없는 은인이 있었다. 받은 것에 비해서 한 번도 제대로 감사를 표현하지 못했던 고마운 사람들이었다. 그래. 목포로 내려가자. 목포에서 진해까지 걸어서 가자. 내가 좋아하는 바다를 옆에 끼고, 매일 텐트를 치고, 매일 새로운 풍경을 마주하자. 이 여정을 감사로 시작해서 감사로 끝내자. 그렇게 당당한 모습으로 훈련소까지 걸어서 가보자. 그런 마음을 먹고, 이른바 '남도객사'라는 이름으로 걷기 시작했던 것이 입대를 보름 앞두고 있던 2015년 2월이었다.

상상해보라. 커다란 배낭을 메고 지팡이를 짚으며 무언가에 쫓기듯 저벅저벅 도로의 갓길을 걷는 한 남자의 뒷모습을. 그때의 나는 일종의 투사 같았다. 무엇과 싸우려는지 자신도 제대로 깨닫지 못한 채로 삶이라는 전장에 던져진 투사. 어느 날 정신을 차려보니 자신이 서 있는 곳이 전쟁터임을 깨달은 그는, 총 쏘는 법도 제대로 배우지 못한 채로 이 전쟁의 의미가 무엇인지, 전쟁을 치르는 마음가짐이 어때야 하는지를 부리나케 규명해내야 하는 느낌이었으리라.

입대 전에 제대로 만나지 못했던 지인들이 가끔 내려와서 하루 이틀씩을 함께 걸어주었다. 그 힘으로 버틸 수 있었다. 죽을 뻔한 적도 많았다. 압사, 익사, 아사의 위기가 끊임없이 찾아왔다. 비가 내려서 비를 피해 볼 요량으로 항구의 바지선 계단 밑에 텐트를 쳤는데, 밀물로 수위가 올라가면서 바지선이 계단과 찰싹 달라붙었다. 텐트의 천장이 이마에 닿는 감촉 때문에 잠에서 깨어났다. 낮은 포복으로 텐트를 잡아끌고 빠져나와서 소름 끼치는 상황으로부터 가까스로 벗어났다. 어떤 날은 술에 잔뜩 취해서 한겨울 통영 앞바다에 빠졌는데, 다음날 정신을 차려보니 응급실이었다. 당시 수영도 못 하던 내가 바다에 빠졌는데도 살아난 것은 기적에 가까운 일이었다. 시린 밤바다에서 떠다니던 부표를 꽉 움켜쥔 채로 고래고래 살려달라고 소리 지르던 나를 해경이 구조해주었다고 들었다. 내 옷은 가위로 잘게 찢겨있었다. 그래서 병원 환자복을 입고 입대했다. 배낭에 부르스타를 넣고 다니면서 김치도 없이 라면으로 매 끼니를 때웠다. 가끔 지겨워질 때면 어묵을 사서 넣어 먹었다.

하루에 60킬로 이상을 강행군하기도 했다. 지도도 핸드폰도 없이 이정표만 보면서 낮이고 밤이고 무작정 걸었다. 도로를 걸으며 졸다가 달리는 차의 사이드미러에 부딪힌 적도 있었다. 그런 날은 논두렁 옆으로 내려가 배낭을 배고 쪽잠을 청했다. 그러다 마을 주민이 깨워주어 다시 길을 걷기도 했다. 가로등 하나 켜져 있지 않은 칠흑의 국도 위에서 유일하게 빛나던 맹견들의 안광은 지금도 나를 서늘하게 만든다. 텐트 친 항구마다 낚싯대를 던졌다. 밤마다 사시미칼을 손에 꼭 쥐고 잤다.

누군가에게는 당시의 내 모습이 고되고 안쓰럽게 느껴질 수도 있겠다. 그러나 그 시절을 회상하면 모든 순간이 잊지 못할 추억으로 온전히 가슴에 남아서 반짝거리고 있다. 아마 고난이라는 이름으로 삶에 다가온 사건들을 피하지 않고 끝까지 직면했다는 사실이 스스로 기특해서였을까. 그때 나는 증명해내고 싶던 것이 한 가지 있었다. 너무 어렵고 무겁게 느껴질 수도 있지만, 삶의 조건은 무엇인가. 무엇이 우리를 진정으로 살아가게 하는가. 이에 대한 답을 찾고 싶었다. 돈이나 명예 혹은 집, 음식, 연인, 친구. 각자의 답은 그 각자의 수만큼 제각각이겠지만, 나에게는 나만의 답이 필요했다.

나는 그저 보여주고 싶었다. 두 다리와 건강한 정신만 있다면 어떻게든 살 수 있다는 사실을. 우리를 진정으로 살아가게 하는 건 어쩌면 좋은 차나 넓은 집이 아니라 온전히 존재하고자 하는 생의 의지뿐일 수 있다는 것을. 지난날 내가 가졌던 건 아무리 생각해도 그것뿐이었기 때문이다.

두 다리로 걸었던 삼천리의 길이 나에게 무엇을 남겼는지는 아직도 명확하게 정의할 수는 없다. 그러나 길 위에서 나는 야전이 나 자신에게 어울린다는 생각을 했다. 대지와 광야로, 세상으로, 길 위로 우직하게 걸어가던 내 모습이 꽤나 흡족했다. 그런 경험들이 있었기에 그렇게 짧은 시간 안에 매우 강렬하게 유디티를 열망하게 됐다고 생각한다.

3. 삼천리

4

Professional Amateurism

생환 훈련대

유디티에 갈 수 있으려면 일단 체력을 끌어올리는 게 급선무였다. 운동을 제대로 해본 적이 없었고, 술과 담배에 찌들어서 체력이 수준 이하였기 때문이었다. 그래서 해군 수병훈련소에서부터 열심히 몸을 움직이기 시작했다. 항공병과에 대한 지식이 없어 차후 어떤 자대에 가서 어떤 생활을 하게 될지는 상상할 수 없었다. 그러나 어디에 가더라도 의지만 확고하면 꾸준히 운동할 수는 있으리라고 생각했다. 다만 수영이 문제였다. 나는 지독한 물 공포증 환자였다. 물속에 머리만 담그면 즉시 두려움에 몸부림쳤다. 물에 뜨는 방법도 몰랐고 수영을 제대로 배워본 적도, 물놀이를 해본 적도 딱히 없었다. 수영을 어떻게 배워야 하지. 이등병 휴가를 길게 준다고 하니 그때 부대 근처 수영장에서 단기 속성으로 강습을 받을까. 그렇게 해서 과연 유디티에 걸맞은 수영 실력을 만들어낼 수 있을까. 그런 생각들이 끝도 없이 들었다. 그렇지만 강습을 받으려 해도 이등병 월급은 강습비로는 턱없이 부족했다. 그때 기적이 벌어졌다.

해군 항공전단에는 '해상생환훈련대'라는 부대가 있다. 항공 조작사, 조종사를 비롯해 항공기에 탑승하는 모든 승무원이 의무적으로 받아야만 하는 '해상생환훈련'을 실시하는 곳이다. 해상생환훈련이란 해상에서 헬기 불시착 상황이 발생했을 때 항공기 승무원들이 살아서 돌아올 수 있도록 실시하는 훈련으로서, 평영, 입영 등 기초 생존 수영 및 모의 헬기 동체 탈출 등을 포함하고 있다. 이 생환대는 훈련 교관 및 조교 총원을 다 합해도 인원이 얼마 안 되는 매우 작은 규모의 부대이다. 누군가 전역해서 자리가 나야 새로운 조교를 뽑을 수 있어서 매 기수 인원을 모집하지도 않는다. 그런 부대가 항공전단 내에 있는 줄도 전혀 알지 못했다. 항공병과 후반기 교육을 받으며 수영 실력을 어떻게 키워야 할지 고민하고 있던 무렵, 생환훈련대에서 생환훈련 조교를 선발하기 위해 내가 있던 후반기 교육장으로 찾아왔다. 누군가 전역해서 자리가 난 것이었다. 믿을 수 없었다. 마치 천 피스 짜리 퍼즐의 마지막 조각을 장롱 밑 구석에서 가까스로 발견해 낸 느낌이었다.

지원자가 몰렸다. 2명 뽑는 자리에 5명이 지원했다. 나는 누구보다 그 자리가 절박했다. 나보다 절박한 사람은 이 중에 아무도 없으리라고 확신했다. 지원한 이들과 대화를 나누고 싶어졌다. 이들을 설득할 자신이 있었다. 내가 왜 그곳에 반드시 가야 하는지 이들은 분명히 이해할 것으로 생각했다. 대화 자리를 마련하여 서로가 그곳에 가려는 이유를 각자 얘기하기 시작했다.

막상 대화를 나눠보니 절박함은 나만의 전유물이 아니었다. 우리 모두에게는 각자의 꿈과 도전정신이 있었다. 누구의 꿈이 다른 누구의 꿈보다 더 가치 있다고 손쉽게 얘기할 수는 없었다. 내면에 자리 잡은 나약함과의 싸움, 떨쳐내고 싶은 트라우마 등 도전하려 했던 이유는 다들 별반 다르지 않았다. 이 자리를 크게 욕심내는 것이 나의 하찮은 목표를 위해서 누군가를 짓밟고 올라서려는 마음처럼 느껴졌다.

미안한 생각이 들었다. 누가 선발되더라도 우리는 그를 응원해주기로 했다.

결국 내가 선발됐다. 나중에 알게 됐던 사실이지만, 나이가 많은 게 걸려서 생환대 내부에서는 나를 뽑지 말자는 의견이 우세했다고 한다. 그러나 당시 모집 홍보를 위해 찾아오셨던 생환대 주임상사께서 나의 눈빛에서 무언가를 읽었다고 말씀하셨다는 얘기를 나중에 선임 수병한테 전해 들었다. 저놈은 뽑으면 무조건 열심히 할 놈이니 자신을 믿고 뽑으라고 지시하셨다고 했다. 내가 가지고 있던 진정성을 알아봐 주셔서 지금도 감사한 분이다. 그분이 없었다면 나는 유디티가 될 수 없었을지도 모른다.

조교가 되기 위해서는 일단 입영, 잠영, 평영, 천해 탈출, 동체 탈출 등으로 다양하게 구성된 선발 평가를 통과해야 했다. 수영도 할 줄 모르는데, 첫날부터 항공복과 항공 군화와 항공 헬멧을 착용한 채로 물에 던져졌다. 수경은 기대할 수도 없었다. 헬기가 불시착했는데 수경을 쓴다는 게 이상한 일이긴 했다. 군화 신은 발을 아무리 허우적거려도 앞으로 나아가지 않았다. 물에 들어가는 즉시 두려움이 정신을 지배했다. 수영장 데크를 손으로 잡고 본능적으로 '살려주세요, 살려주세요.' 하고 소리쳤다. 물 밑에 잠겨서 바라봤던 세상은 심연처럼 깊고 새카맸다. 도망치고 싶었다. 수영장 물에 머리를 담근 채로 눈물이 한줄기 흘러내렸다. 그러나 도망쳐도 갈 곳이 없음을, 몸의 뚫린 모든 구멍으로 수영장 물이 차오르던 와중에도 나는 알았다. 선배들은 절규하는 나를 계속해서 물속으로 집어 던졌다. 수영장에서 훈련을 마치고 나오면 몸보다도 정신이 먼저 걸레짝처럼 너덜너덜해졌다. 이러한 일상이 매일 반복됐다.

훈련이 진행되면서 평영은 어찌어찌 흉내를 냈지만, 입영은 도저히 할 수 없었다. 처음엔 손으로 스컬링하면서 평영 킥으로 차다가, 나중에는 손을 쓰지 않고 로터리 킥으로만 물에 떠 있어야 했다. 맨몸으로 했는데도 온몸의 근육이 긴장해서 계속 가라앉았고 배부르게 물을 먹었다. 두려움은 잉크처럼 온 정신에 퍼져서 순식간에 시야를 새카맣게 했다. 빨리 끔찍한 물에서 벗어나고 싶은 생각뿐이었다. 내 상태는 아랑곳하지 않은 채로 손에 하나둘 중량물이 쥐어졌다. 맨몸으로도 뜨기 힘든데, 중량물을 드니 정신을 놓는 순간 바닥까지 그대로 가라앉을 것 같았다. 이 와중에도 결코 수영장 데크를 손으로 잡거나 스스로 물 밖으로 기어 나오려 하지는 않았다. 두려움은 스스로 박살 내기 전에는 물러가는 일이 없다는 사실을 이미 알고 있는 까닭이었다. 온 힘을 다해 두려움에 맞서는 내 근성을 선배들이 차츰 알아보기 시작했다.

잠영, 스킨잠수 등 물과 관련된 무엇 하나라도 두렵지 않던 것은 없었다. 선임들은 주말이나 일과 이후 시간이면 5m 풀장에 동전 하나를 던져 놓고 수경도 없이 맨몸으로 잠수해서 가져오라고 했다. 지금에 와서 돌이켜보면 그런 훈련을 통해 실력이 빨리 늘었다는 생각에 감사하게 느껴진다. 하지만 공포에 완전히 잠식됐던 당시에는 선배들이 하나같이 악마처럼 느껴지기만 했고 나를 괴롭힌다는 생각마저 들었다. 어쨌든 그런 과정을 통해 나는 물에 점차 익숙해질 수 있었다. 8kg 웨이트 벨트를 차고 물에 떠 있기도 수월해졌다. 25m 잠영 시범도, 5m에서 뛰어내리는 이함 시범도, 군복 바지를 벗어서 임시 부유물을 만드는 시범도 전부 익숙해졌다. 5m 깊이의 풀장 바닥에서 동전과 나사못을 줍고 가위바

위보를 하면서 노는 게 점차 일상이 되어가던 즈음 나는 조교 과정을 수료했다.

생환훈련대 시절의 나는 스물다섯의 다 큰 청년이었다. 그러나 돌이켜 생각할수록 그 시절의 색채는 빨가벗고 다녀도 부끄럽지 않았던 유년 시절의 한 자락처럼 느껴진다. 포항의 한적한 바닷가 바로 앞에 부대가 있었다. 교육생들이 취침할 숙소가 필요했기에 펜션 같은 방도 여럿 있었다. 워낙 소규모 부대라 정문 초소에 헌병도 없었다. 인조 잔디가 깔린 풋살장과 농구장도 있었다. 침실 앞에는 독서방이 따로 있어서 밤마다 책을 읽을 수 있었다. 가끔 CRRC 고무보트를 타고 바다를 한 바퀴 돌기도 하고, 새해에는 다 함께 일출을 보고 맨몸으로 바닷물에 뛰어들기도 했다. 조교 선임들 및 간부들과도 점차 친해졌다. 야식으로 치킨을 먹으면서 서로의 내밀한 부분까지 대화하기도 했다. 교육생들을 가르치는 일도 적성에 맞았다. 들인 노력에 비해 여전히 수영을 잘하는 편은 아니었지만 어설픈 초보자들을 보면 나의 처음 모습이 생각났다. '내가 됐으니 너도 된다. 잘할 수 있다. 우리를 가라앉히는 것은 물이 아니라 우리의 정신이다.' 그렇게 얘기하며 용기를 북돋워 주면 그 교육생은 반드시 빠르게 성장했다.

잘 차려진 헬스장을 마음껏 이용할 수 있었기에 몸을 만들기도 수월했다. 쇠질을 원 없이 했다. 몸이 지쳐 쇠질이 불가능할 때면 버피 테스트와 전신 8개 동작, 점프 스쿼트 등 맨몸 운동으로 신체를 단련했다. 턱걸이를 하나도 못 했었는데 점점 개수가 늘어나는 재미가 있었다. 점심시간마다 매일 러닝머신을 뛰었다. 보통 5km를 뛰었는데, 낮은 속도로 시작해서 뛸 만하다 싶으면 계속 속도를 올려서 마지막에는 러닝머신 최대 속도까지 올렸다. 뛰다가 현기증이 나서 화장실에서 그날 먹은 점심 전부를 그대로 게워낸 적도 많았다. 지식이 부족하여 과학적이고 체계적으로 운동했다고 말할 수는 없지만 한순간도 자신과 타협하지는 않았다. 숨이 턱까지 차오르던 순간에도 조금 더 할 수 있다고 느껴지면 반드시 조금 더 자신을 몰아붙였다. 한계까지 몰아붙이지 못했던 어느 나약한 날에는 극심한 자괴감에 빠진 채로 자학하며 하루를 보내곤 했다. 그렇게 유디티에 지원할 수 있는 몸이 만들어지고 있었다.

유디티 시험 날이 다가왔다. 필기시험은 자신 있어서 그다지 문제가 되지는 않았다. 실기 시험을 보러 처음 유디티 교육훈련대대를 갔는데, 민간인 지원자들 가운데서 홀로 해군 수병 정복을 입고 있었으니 교관들 눈에 많이 띄었으리라. 어디 근무하느냐 묻길래 생환훈련대 조교라고 했더니, 교관들이 수영에 많은 기대를 걸었던 것 같다. 하지만 조교치고는 수영 자세가 형편없다는 얘기를 들었다. 사실 자세는 지금도 형편없다. 입영은 훌륭하다고 했다. 웨이트 벨트 차고 하루 종일 물에 떠 있었으니 당연했다. 육상 종목 평가에서 구보는 지원자 중 1등으로 들어왔다. 점심시간마다 구토한 보람이 있었다. 나머지 근력 평가도 만점이었다. 턱걸이는 시간제한 없이 무반동 정자세로 14개를 해야 했는데, 긴장을 해서였는지 11개였나 12개였나 하고는 올라가는 데 실패했다. 그럼에도 나는 봉을 놓지 않고 계속 매달려있었다. 14개를 채우지 못하면 절대 내 의지로 내려오지는 않으려고 생각하고 있었다. 나중에 '일반학'이라는 과정의 담임 교관이 되신 J교관께서 그 모습을 보시고는, "실패한 그 지점에서 한 개만 더 올라가면 너는 무조건 만점을 주겠다."라고 하셨다. 옆에 서 있던 다른 교관들은 절대 불가능할 거라면서 그만 철봉에서 내려오라고 웃어댔다. 실패한 지점에서 다시 하나 더 올라간다는 것은 지금 생각해도 정말 불가능한 일이다. 그러나 나는 기어코 이를 악물고 올라갔다. 그리고 약속대로 턱걸이 만점을 부여받았다. 그때는 불가능하다고 생각했던 일이 기적적으로 가능해지는 경우가 이렇게 많았다. 면접까지 무사히 마치고 생환대로 복귀했다. 이제는 합격 결과를 기다리는 일만 남아있었다. 성적이 전부 우수하다고 확신했기 때문에 불합격에 대한 걱정은 그다지 들지 않았다. 그러던 중 한 사건이 벌어졌다.

이 사건에 대해서 세상에 이야기하는 것은 내 얼굴에 침 뱉는 일일 수도 있다. 그리고 그다지 떳떳하거나 자랑스럽다고 생각하지는 않는다는 사실을 미리 밝혀둔다. 동시에 아무리 지금 와서 다시 생각해봐도 그때의 내가 그렇게 행동할 수밖에 없었다는 사실 또한 밝힌다. 유디티 합격 통지를 기다리던 어느 날, 나는 모 선임 수병을 폭행했다.

'에미 뒤진 새끼'라는 말을 들었기 때문이었다. 새끼는 그렇다 쳐도 '에미'라는 명사와 '뒤지다'라는 동사는 완벽에 가까울 정도로 나를 분노케 했다. 나의 어머니가 어째서 에미인가. 그분은 천국으로 영면하신 게 아니라 뒤진 것인가. 태어나서 사람을 그렇게까지 때려본 적은 그전에도, 그 후에도 없었다. 우리는 쌍방 폭행으로 헌병대 조사를 받았다. 조사받는 내내 나는 하염없이 어깨를 들썩이며 정대만처럼 오열했다. 그 문장의 단어들에 대한 내 분노와는 별개로 유디티에 못 가게 되었다는 사실이 나를 완전히 무너지게 하였다. 하극상을 일으킨 사람을 나 같아도 안 뽑을 것 같았다. 나는 단 한 번도 무언가를 이토록 간절히 원했던 적이 없었다는 생각이 들었다. 지난 1년의 기적 같았던 시간이 머릿속에 흘러 다녔다. 그리고 언제나 문턱에서 고꾸라지곤 하던 기구한 인생사가 떠올랐다. 그러나 내가 느꼈던 분노와 행했던 폭력은, 물론 정당화될 수는 없겠지만 도덕이나 정의나 규율 따위의 단어들로는 도무지 막을 수 없었던 일이었다. 시계를 돌려서 그 순간으로 다시 돌아간다고 해도 똑같은 상황이 벌어졌을 거라는 생각이 들었다. 후회는 없었다. 이유야 어찌 되었든 내가 저지른 일이었다. 좋든 싫든 책임을 져야 했다. 유디티를 마음속에서 포기해야만 했다. 모든 죄를 진술서에 그대로 시인했다. 나는 스스로 잘못을 깊이 깨닫고 있으며, 나의 죗값을 있는 그대로 치르기를 원한다고 적었다.

고인이 된 부모를 모욕당한 상황이 참작되었는지, 혹은 내가 부대 생활을 성실하고 예의 바르게 해왔다는 주위의 평판이 영향을 미쳤는지는 모르겠으나, 선임과 나는 나란히 영창에 열흘 정도 다녀왔다. 군대에서 결코 벌어져서는 안 되는 하극상이었는데도 말이다. 그리고 영창에서 출소하자마자 유디티에 합격했다는 소식을 들었다. 이번 사건과는 관계없이 선발 심의는 미리 완료되어있었기에 합격할 수 있었다고 들었다. 또 한 번 기적이 일어났다.

4. 생환훈련대

5

Professional Amateurism

부사관
교육대대

1년 만에 다시 찾은 해군교육사령부. 지난 1년 동안 거의 전부라고 할 수 있을 정도로 내 안의 많은 부분이 바뀌어있었다. 몸도 정신도 완전히 달라졌지만, 그보다는 꿈을 가진 사람이라는 사실이 내 눈빛을 확연히 남다르게 만들었다. 작년의 나는 과연 꿈을 가진 자였던가. 꿈이라고 하기에는 아직 막연하고 어렴풋한 일말의 희망 정도만 겨우 가지고 있었다고 생각한다. 통영의 모 병원에서 응급실 환자복을 얻어 입고 취기 서린 채로 입대할 만큼 야인이었던 작년의 나와는 다르게, 이번에는 누구보다 명료한 정신으로, 깔끔한 수병 정복을 입고서 해군교육사령부 정문을 지났다.

작년에 한 번 했던 일들을 똑같이 진행했다. 보급품을 받고, 소대를 배정받고, 제식을 배우고 군가를 불렀다. 나는 이미 군인인데 다시 군인화 교육을 받으려고 하니, 민간에서 들어온 다른 사람들과 출발선부터 차이가 있을 수밖에 없었다. 게다가 몸이 이미 만들어져있으니 구보가 그렇게 힘들었던 작년과는 체력 수준의 차원이 달랐다. 대대장 후보생도 했다. 내가 할 수 있는 최선을 다 쏟았다. 입대를 두 번 하게 된 이상 1등이 목표였다. 이번 기수는 1년 4기수 중 유일하게 참모총장께서 직접 수상하신다고 했기 때문이었다. 해군의 수장에게 직접 상장을 받는다는 건, 마치 아직 시작도 하지 않은 군 생활을 세상에서 가장 강한 사내에게서 제일 먼저 응원받는 느낌이었다.

3월 말에 부사관 후보생으로 다시 입대했기에 그 해는 교육사령부 영내에서 벚꽃을 맞이할 수 있었다. 영내 구보를 하면서 벚꽃이 흩날릴 때마다, 군 생활을 하고 있다는 생각보다는 진해를 여행하고 있다는 생각이 먼저 들었다. 누가 병 수료식 때 군항제를 겪을 것이며, 누가 부사관 후보생으로 영내에서 구보를 하면서 흩날리는 벚꽃을 맞이할 것인가. 어쩌면 나는 벚꽃을 좋아했던 게 아니라, 진해에 만개하던 꽃이기 때문에 벚꽃을 좋아했는지도 몰랐다. 진해에 핀 꽃이 벚꽃이 아니라 튤립이나 코스모스였더라도 좋아했으리라. 나는 나만의 방식으로 진해라는 도시를 깊게 여행하고 있었다. 그러한 생각의 결은 손쉽게 비루해지곤 하던 나의 정신을 항상 모험과 환상의 느낌에 젖어 있게 해주었다.

결과는 수석이었다. 참모총장 앞에서 군 생활의 포부를 밝힐 수 있게 됐다. 수료 몇 주 전부터 수상 대상자들은 밤새도록 제식 연습만 했다. 경례 자세, 뒤로 돌아 자세, 차렷 자세 따위를 질릴 때까지 연습했다. 교관들이 원하던 수상 멘트는 '하사 ㅇㅇㅇ 최고의 ㅇㅇ사가 되겠습니다.'였다. 가장 무난하고 실수할 여지가 없는 평범한 멘트였다. 나는 직별이 특전이었으므로 '하사 홍지재 최고의 특전사가 되겠습니다.'라고 해야 했다. 그 부분이 마음에 들지 않았다. 특전사는 일단 육군 특수전 사령부 소속 특수 군인이라 군종 자체가 나와 다른데 내가 어찌 특전사라 할 수 있을까. 또 누구나 하는 평범한 멘트로 내 군 생활의 포부를 한계짓기는 싫었다. 무엇이 좋을까 고민하던 그때 손원일 제독의 해군 창설기 표어가 눈에 들어왔다.

손원일 제독은 대한민국 해군을 창설한 해군의 아버지이자 초대 참모총장이었다. 초창기 해군의 표어는 '조국과 민족을 위하여 삼가 이 몸을 바치나이다.'였다. 이거다. 이것이야말로 내가 군 생활 내내 가슴속에 새겨야 하는 한 마디가 되기에 충분하다. 나는 국가와 국민을 위해 봉사하러 군에 왔지, 복날의 개처럼 억지로 끌려 들어온 게 결코 아니다. 기왕 피하지 않고 병역의 의무를 충실히 이행하기로 했으면 이 정도 포부는 가져야지 하는 생각이 들었다. 연습할 때는 교관들한테 혼날 게 뻔하니 '하사 ㅇㅇㅇ 최고의 ㅇㅇ사가 되겠습니다.'로 연습하고, 실전에서 내가 준비한 멘트를 가열차게 읊기로 마음먹었다.

수료식이 다가왔다. 단상에 올라가 참모총장께 나의 포부를 밝힐 시간이 됐다. 단상에 오르기까지는 제식이 연습한 대로 딱딱 나왔다. 총장께서 상장과 메달을 수여하시고 악수하러 손을 내미셨다. 나는 준비한 멘트를 읊기 시작했다. '하사 홍지재 조국과 민족을 위하여 삼가 이 몸을 바치나이다.' 그러나 연습과 실전은 달라도 한참 달랐다. '조국과 민족을 위하여'라고 말하는데 문장이 생각보다 길다는 생각이 문득 들었다. 단상 위에서 저 긴 문장을 읊는 순간이 거의 영원에 가까운 시간으로 느껴지기 시작했다. 그러고 나서는 당황해서 상장을 받은 후 경례도 안 하고 그대로 뒤로 멋지게 돌아 버렸다. 아차 싶어 다시 뒤를 돌았는데 경례를 받으려고 매무새를 가다듬고 준비하셨던 참모총장께서는 머쓱하게 다시 뒤를 돌아서 자리로 이동하고 있었다. 나는 황급히 다시 뒤를 돌아 연병장으로 내려갔다. 거의 이 정도면 단상 위의 댄싱머신에 가까웠다고 볼 수 있겠다.

문제는 여기서 그치지 않았다. 단상 위에서 뒤를 돌아서 다시 발걸음을 내디뎌 이동할 때는 왼발과 오른손을 앞으로 '촥'하고 멋지게 내민 후 걸어 나가는 일명 '발진'이라는 동작을 절도 있게 넣기로 되어있었다. 그러나 아뿔싸. 왼발과 왼손이 동시에 나가고야 만다. 아마 연병장에 있던 사람들은 내가 무슨 멘트를 했는지, 발진을 어떤 식으로 우스꽝스럽게 했는지 별 관심이 없거나 잘 모를 수도 있었겠지만, 나에게는 그날의 기억이 매우 민망한 트라우마로 남아있다. 멋지게 군 생활을 시작하려고 나름 준비했으나 멋과는 거리가 영 멀어져서, 이후 몇 날 며칠을 이불을 차며 지냈다.

어찌 되었든 이제야 이 긴 여정의 본론을 살아낼 준비가 끝났다. 드디어 유디티 훈련소로 간다.

6

Professional Amateurism

유디티

6-1. 75번 교육생

대한민국 유디티로 살았던 내 인생의 한 시절을 생각하면 아직도 어안이 벙벙하다. 16년도 수료할 당시 대한민국 건국 이래 유디티 교육을 수료했던 사람은 5천 명도 없었다. 수료증 넘버가 4천 대였다. 내 동기는 그런 자신이 자랑스러워서 핸드폰 번호를 자신의 수료증 넘버로 만들기도 했다. 지금은 유디티에 대해서 많은 사람들이 알게 되었지만, 내가 입대할 때까지만 해도 뭐 하는 곳인지 아는 사람도 거의 없었다. 전혀 상관없는 삶을 살다가 알 수 없는 힘에 이끌려 도전하고 유디티로 살다가 전역한 지금까지도, 나는 지난 어떤 순간도 잘 실감이 나지는 않는다.

전역하고 수개월이 지났지만 정신은 아직도 그곳에 머물러 있어서, 전역을 미처 마치지 못한 느낌이 들었다. 유디티를 준비하던 시절부터 정식 입교해서 훈련하던 시절의 기록들을 꺼내어 오랜만에 살펴봤다. 그 안에는 진짜가 무엇인지도 모르면서 진짜가 되기 위해 안간힘을 썼던 한 인간의 흔적이 고스란히 적혀있었다.

기록을 읽으며 많은 장면이 금세 머릿속에서 생생하게 되살아났다. 구보를 나갈 때마다 낙오 없는 무사 구보를 기원하며 심장이 있는 왼쪽 가슴을 주먹으로 통통, 두들기던 우리만의 의식이 생각날 때면 나도 모르게 다시 비장하고 엄숙해졌다. 탄색 로바 군화와 수십만 원에 육박하는 멀티캠 군복, 코브라 벨트, 각종 특수 장비들. 실무에 와서는 당연하고 흔해졌던 이 모든 것들은 그 시절의 우리가 그토록 절박하게 열망하던 것들이었다. 목이 터지도록 부르던 군가들, 교육 내내 쉬어있던 목소리, 빤스 자국 빼고는 재처럼 새카맣던 온몸의 피부, 얼굴에 선명하게 남아있던 잠수 마스크 자국, IBS 해상 기동을 나갈 때마다 야식으로 먹던 닭죽, 구토와 현기증과 숨 막힘, 폭염 속에서 우리가 함께 흘렸던 땀과 눈물들. 이런 장면들은 하나같이 생생하게 내 안에 새겨져 나의 현재를 구성하고 있다. 그 속에서 나는 매 순간 자신을 속이지 않기 위해 안간힘을 쓰면서 항상 이유 없이 불안해했다. 어떻게 그럴 새가 있었는지 모르겠는데 나는 틈날 때마다 외로워했으며 항상 누군가를 그리워했다. 환한 웃음 속에 흔들림을 감추고 살았던 그때의 나는 언제나 위태롭고 절박했다.

유디티 훈련소에 들어갈 때부터 나는 이번에도 실패하면 죽어야겠다고 생각했다. 훈련하면서 위기의 순간이 찾아올 때마다 나는 내 지난 실패의 역사를 끊임없이 떠올렸다. 언젠가 일반학이라는 과정의 담임 교관이었던 J 교관이 얘기했다. 한 번 낙오하면 두 번 낙오하고 싶고 그때 바로잡지 못하면 영원히 낙오한다고. 내가 있어야 할 곳은 낯선 여행지의 길바닥이나 안락한 집 혹은 여인의 품속도 아니고, 바로 여기 이곳뿐임을 그 순간 깨달았다. 이곳에서만 나는 살아있음을 느낄 수 있었다. 나는 나 자신과 싸워서 스스로를 부숴 넘어뜨리고 싶었다. 내가 도달하고자 했던 목표는 언제나 나였고, 내가 무너뜨려야 할 주적 또한 언제나 나였다. 내가 포기하지만 않으면 이 싸움은 절대 끝나지 않으리라고 여겼다. 나는 슬퍼하고 겁먹고 때로는 좌절할 수도 있지만, 스스로 포기하지 않는 한 절대로 패배하지는 않으리라. 내게 중요했던 건 만선의 꿈과 청새치가 아니라 오직 스스로로부터 스스로를 낚아내는 일뿐이었다.

패배하지 않고 끝끝내 살아남았던 한 인간의 어떤 시절을, 이제는 세상을 향해 조심스럽게 얘기해보려고 한다.

6-2. 밥걸이

"총원, 배치 붙어."

교관의 낮고 단호한 명령이 떨어지면 우리는 '배치 붙어!'를 복명복창한 후 턱걸이 봉 밑으로 달려갔다. '둘, 셋' 하면서 동시에 뛰어올라 봉을 붙들었다. 삑 하면 올라가고, 다시 삑 하면 내려왔다. 일명 밥걸이. 하루에 꼬박 세 번을 중력과 씨름해야만 했던 시절이었다.

유디티에 오기 전에 생전 처음으로 봉을 잡았던 때가 생각난다. 봉을 아무리 당기려 애써도 내 몸은 꿈쩍도 하지 않았다. 힘을 주는 법을 몰랐으니 힘든 느낌도 들지 않았다. 단순히 매달려있는 것처럼 보이는 동안 나의 보잘것없었던 등근육은 자기 자신과의 싸움을 벌이고 있었다. 나는 살면서 몸 자체를 사용해본 적이 별로 없었지만 유독 당기는 근육은 더욱 사용할 줄 몰랐다. 훈련소에 입소하여 유디티를 꿈꾸게 되면서부터, 분명히 턱걸이가 일상적인 부담으로 다가오리라고 생각했다. 그래서 몸을 만들면서도 턱걸이에 유독 신경 썼다. 훈련소 내무실 2층 침대 난간에 푸시업 바를 거꾸로 걸쳐서 턱걸이하기도 했다. 화장실 칸막이나 난간을 볼 때면 매달릴 생각부터 먼저 했다.

그러나 생각보다 실력이 쉽게 늘지 않았다. 역시나 유디티에 들어올 때부터 턱걸이는 문제였다. 14개 만점 기준에 도달할 만큼 충분히 연습했으나, 막상 유디티 지원자 실기평가를 볼 때는 긴장해서인지 14개를 당기는 데 실패했다.

훈련하면서도 마찬가지였다. 첫 주에는 밥걸이를 4개부터 시작했다. 첫 주차는 개수의 부담이 없었다. 이를 뻔히 아는 교관들은 봉에 턱을 걸고 대기하던 우리에게 군가를 시켰다.

'배고픔을 이기자 밥을 지어라 / 불타는 연탄 뜨거운 밥솥 / 취사병아 밥 탄다 / 탄~다 탄다 / 밥 탄다 / 취사병아 밥 탄다'

봉 위에 매달려서 일명 '밥탄가'라 불리는 이 군가를 비롯해 각종 기수 군가를 목이 찢어지라 부르는 동안, 우리의 등 근육은 지쳐갔고 몸뚱어리는 금세 바닥을 뒹굴었다.

이후 밥걸이 개수는 주마다 1개씩 늘어나 나중에는 20개 이상을 빽빽이 호각 구령에 맞춰 당겨야 했다. 나중에는 군가가 없어도 그 개수만으로도 하루에 세 번씩 부담을 느꼈다. 지옥주 이후에는 몸이 크게 상해서 턱걸이 개수가 또 한참 줄었다. 밥의 소중함을 깨달을 만큼 고생을 많이 했다. 애꿎은 중력을 미워할 때도 많았다. 밥 먹는 시간이 행복하고 즐거운 시간으로 기억되지는 않는다.

어느 날 밥걸이 개수가 16개인가를 넘어갔을 때였다. 처음으로 밥걸이에서 떨어졌다. 나를 비롯하여 봉에서 떨어진 사람들은 연병장 반대편 축구 골대를 좌에서 우로 돌아 선착순을 뛰어야 했다. 순위 안에 들어오면 그 주차 개수에 재도전할 기회를 얻었다. 선착순에 들기 위해서는 항상 최고 속도로 뛰어야만 했다. 만약 순위 안에 들지 못하면 다시 끝없는 선착순을 뛰어야 했다. 재도전의 기회를 여러 번 얻었다. 그러나 이미 실패한 개수를 숨이 차 헐떡거리는 상태에서 성공할 리가 없었다. 점심시간은 11시 45분부터 13시까지였다. 나는 12시 55분까지 재도전과 선착순 사이에서 끝도 없이 뛰어다녔다. 밥알은 구경도 못 하고 헐떡거리는 상태 그대로 군장을 챙겨 오후 훈련을 나가야만 했다. 그날의 당직 교관은 P 교관이었다. 원망하는 마음이 들지 않았다면 거짓일 게다. 그러나 식당 한쪽에서 뒤늦게 컵라면에 물을 붓고 있던 그를 봤을 때, 밥을 먹지 못한 건 우리만이 아니라는 생각을 했다. 그도 밥을 먹지 못했다. 우리를 봉 위로 기어오르게 했던 힘의 원천은 우리가 가슴 속에 품고 있던 유디티에 대한 열정이었다. 그의 가슴 속에 살아있는 것도 우리의 그것과 같으리라는 생각을 처음으로 했다.

그날 나는 다리털을 밀었다. 다리의 마찰력을 이용해서 옆 기둥을 기어오르더라도 다음 시도 때는 어떻게든 봉 위로 올라가기 위해서였다. 손에 반창고 테이프를 붙였다 뗐다 하면서 손을 끈적하게 만들기도 했다. 수단과 방법을 가리지 않고 봉 위로 기어오르고 싶어졌다. 열정 있는 사람 앞에서 열정으로 밀리고 싶지 않기 때문이었다. 그가 보여준 열정에 대한 내 나름의 예우였다. 안 된다는 생각은 하지 않았다. 안 된다는 생각을 버렸다 하더라도 꼭 성공한다는 보장도 없었다. 그러나 안 된다는 생각을 조금이라도 하면 반드시 실패했다. 불가능에 대한 상상이 내 정신에 먼지만큼도 끼어들지 못하게 온 정신을 쓸고 닦아냈다. 나중에 될 거면 지금 당장에도 가능해야 한다. 두 번은 없다. 그렇게 마음을 다잡고 다시 봉 앞에 섰다.

그날도 역시나 나는 떨어졌다. 또다시 숨을 헐떡인 채로 밥을 굶고 다음 훈련을 나갔다. 나중에 실무 와서야 비로소 턱걸이 30개는 우습게 되었지만 수료할 때까지만 해도 계속 턱걸이 때문에 고생을 많이 했다. 그래도 괜찮았다. 내가 정녕 두려웠던 건 턱걸이 개수를 실패하는 게 아니었다. 선착순을 뛰거나 밥을 먹지 못하게 되는 것도 아니었다. 봉 앞에서 두려워 도망치려 하는 나를 나는 가장 두려워했다. 더는 봉이 무섭지 않았다. 선착순도 무섭지 않았다. 내 안의 두려움과 맞서 싸우는 방법을 나는 턱걸이 봉 앞에서 하루 세 번 헐떡대며 배웠다.

그때 봉 앞에 설 때마다 내 마음속에 일어났던 일들은 일명 '밥걸이 정신'으로 내 안에 아직도 남아있다. 지금도 나는 집착에 가까울 정도로 주어진 모든 일을 한 번에 처리하려고 애쓴다. 나중에 가능할 일이라면 지금 당장에도 가능해야 한다고 생각하며 산다. 전역하고 이제는 운동을 거의 하지 않게 되었다. 그런데도 턱걸이 봉만큼은 아직도 조금씩 매일 붙잡고 지낸다. 등 근육을 단련하기 위해서라기보다는 손바닥에 남은 굳은살을 잃고 싶지 않아서라고 말하는 게 더 맞겠다. 그 나날들은 내 손바닥에 훈장 같은 굳은살이 되어 지금도 남아있다. 굳은살을 만지작거릴 때마다 봉 앞에 서서 헐떡대던 나날로 순식간에 돌아간다. 돌아간 그 시절의 나는 아직도 봉에서 떨어지고 아직도 선착순을 돌고 밥을 굶는다. 그리고 아직도 두려움 앞에서 한 발짝도 물러서지 않는다.

6-3. 깡

'물질이 먼저인가, 정신이 먼저인가?' 하는 물음에는 쉽게 답하기 어렵다. 신의 존재에 대한 논쟁이나 좌, 우파의 대립처럼 한쪽의 입장이 마냥 옳거나 그르다고 단정할 수는 없는 것 같다. 취향껏 양쪽의 의견을 취사선택해야 하는 듯하기도 하다. 그러나 적어도 유디티에서는 아무래도 정신이 물질에 어느 정도 앞서 있었다고 생각한다.

유디티에는 입이 떡 벌어질 만큼 몸이 좋은 사람들이나 엘리트 운동선수 출신들이 많이 들어왔다. 어느 선까지의 육체적 강인함은 훈련을 이겨내는 데에 필수적이었지만, 그들이 반드시 살아남는 것은 아니었다. 모 교관은 유디티 훈련은 체력이나 기술로 이겨내는 게 아니라고 했다. '깡'이 필요하다고 했다. 그 단어를 나는 '직면하려는 경향'이라고 제멋대로 해석하여 지금도 기억하고 있다. 살아남은 우리 모두는 주어진 상황을 피하지 않고 맞섰기에 살아남았다. 소위 말하는 깡이 있는 사람들이었다.

한번은 폭염 속에 구보를 뛰었다. 상·하의 군복을 갖춰 입고 군화를 신고 모자까지 쓴 채로 구보를 나갔다. 많은 이들이 낙오했다. 어떤 이는 토하면서 계속 뛰었다. 자신의 뺨을 때리며 달리던 교육생도 있었다. 그 광경을 본 교관도 신이 나서 '나도 때려도 되느냐?' 하고 물었다. 구보 연습을 많이 해 두었기에 구보를 그다지 어렵게 생각한 적이 없었는데 그날은 나도 무척이나 힘이 들었다. 숨이 막히는 폭염 속에서 첫발을 떼던 순간부터 마지막 순간까지 내내 포기하고 싶었다. 힘들 때면 마음속으로 계속 숫자를 세거나, 군가를 악을 지르듯이 크게 불렀다. 1킬로까지만 가자고 마음먹고, 도달하면 다시 2킬로까지만 가자, 반환점까지만 가자는 식으로 목표 거리를 계속 늘리고 도달하고 다시 늘려가는 식으로 버텼다. 동기들의 발소리에 집중하면 저벅저벅 하는 군화 소리의 리듬감이 나를 두둥실 태우고 가는 느낌을 받기도 했다. 그래서 발소리를 처지지 않게 하려고 끊임없이 발을 놀렸다. 그러나 내 체온은 이미 오를 대로 올라버렸고 어떤 방법도 효과가 없었다. 마인드컨트롤 할 의지를 점차 잃으며 정신이 아득히 멀어져갔다.

그때였다. 실낱같은 바람이 진해 군항의 잔인한 폭염을 뚫고 내 볼에 살며시 스쳐 가는 것을 느꼈다. 멀어져가는 정신 속에서 바람의 꽁무니를 간신히 붙들었다. 더위에 지쳐 정신이 나가서 거의 눈을 반쯤 감다시피 한 상황이었다. 그때 세상에는 내게 방문한 한 줄기 바람과 나밖에 없었다. 온 정신을 바람에만 집중했다. 내 안에서 바람을 증폭시키려 간절히 애썼다. 이 바람을 놓쳐버리면 나는 즉시 쓰러질 거라고 생각했다. 바람은 상상 속에서 점점 커지면서 서서히 내 몸을 감싸기 시작했다. 차츰 시원하다는 생각이 들면서 체온이 조금씩 떨어지는 느낌을 받았다. 포기하고 싶다는 생각이 쏙 들어가고 그 자리에 바람과 내가 나눈 존재의 언어만 남아 나를 끝까지 데리고 갔다.

상황에 직면하는 방식은 사람마다 제각각이었다. 그러나

그러한 모든 이들은 그들 자신을 상황 속에 온전히 놓아두려 애쓴다는 점에서 같았다. 수중 결색 평가 중 블랙아웃이 와서 기절한 채로 상승했던 동기가 있었다. 그는 바지에 살짝 지린 채로 올라왔다. '오늘도 피똥 싸며 훈련을 한다'라는 군가 가사처럼 제대로 훈련받아서 뿌듯하다고 씩 웃는 그를 보면서 존경심마저 일었다. 이 동기는 3km 구보를 평가한다고 하면 10여 분에 걸친 모든 구보 코스를 같은 시간 동안 전부 이미지트레이닝 하기도 했다. 침대에 가만히 앉아서 말이다. 그래서 구보를 우리 중에서 가장 잘했다. 어떤 동기는 훈련하는 순간마다 항상 최악의 상황을 가정해서 끊임없이 상상하고 대비했다. 뺨을 때리고 구토하면서 포기하지 않고 끝까지 완주하는 이들은 부지기수였다. 이들 모두 살아남았다. 이들의 모든 시도는 실제 상황에 맞닥뜨렸을 때 도망치지 않고 끝까지 상황을 직면하게 해주는 데에 상당한 도움을 줬다고 생각한다. 이들은 정신의 시계를 현재 당면한 상황에 맞추려고 안간힘을 쓰고 있었다.

한번은 힘들어하는 어떤 동기에게 힘을 주려고 이 생각에 대해서 조심스레 얘기했던 적이 있었다. 그가 힘든 이유는 몸은 이곳에 있으면서 정신은 다른 곳을 떠올리기 때문이라고 얘기했다. 아마 오로지 훈련만 생각하고 집중하면 힘들지 않게 느껴지리라는 말과 함께 말이다. 그때 공감 능력이 전혀 없는 사람 취급을 받았던 기억이 난다.

내가 하려던 얘기는 몰입에 관한 얘기였다. 나의 육신과 마음의 위치를 일치시켜 상황에만 집중했을 때 어떠한 상황을 맞닥뜨려도 헤쳐나갈 수 있다는 말을 하고 싶었다. 그 시절의 내가 힘들다는 생각보다 재미있고 행복하다는 생각을 더 많이 하게 됐던 것은 아무리 생각해도 오직 이 이유밖에 없다고 생각한다. 70여 명의 교육생 중에서 핸드폰 자체가 없었던 사람은 나밖에 없었다. 다른 교육생들은 지옥주 이후에 외박을 나갈 때마다 맡겨 놓은 핸드폰과 지갑 등 자신의 소지품을 찾아서 나갔는데, 내 소지품 칸에는 월급용 체크카드 한 장만 달랑 들어있었다. 나는 세상으로부터 고립되어 철저히 혼자인 이곳으로 완전히 나를 밀어 넣었다. 그렇게 완전한 현재를 살았다.

상황에 온전히 몰입하고 직면하는 법을 깨닫게 해준 그

날의 바람을, 나는 희미한 옛사랑을 떠올리듯 아직도 그리워한다. 그런 바람은 내 인생에 다시는 찾아오지 않으리라고 생각한다. 그날 이후로 나는 지금 바로 이 순간이 가장 중요하다는 말을 진부한 클리셰가 아니라 하나의 생생한 사실로 받아들이며 살아가게 되었다.

6-3. 깡

6-4. 잠영

 지옥주나 생식주, 렁수영이나 5.5마일 바다 수영 같은 종목보다도 나에게는 맨몸 잠영 50m가 가장 큰 걱정거리였다. 이것은 나라는 인간의 본능에 자리 잡은 근원적인 공포에 관한 문제였기 때문이다.

 부사관 교육대를 마치고 유디티 교육에 정식 입교하기 전 며칠의 휴가를 받았다. 사람들은 고향으로 가서 가족을 만나거나 사랑하는 사람들과 시간을 보냈지만 나는 창원에 사는 동기 집에서 묵었다. 수영장에 다니기 위해서였다. 나는 수영 조교 출신이었지만 잠영 시범은 늘 25m까지밖에 해보지 못했다. 태어나서 한 번도 50m 잠영을 성공해 본 적이 없었다. 지금 성공하지 못하면 나중에는 과연 성공할 수 있을까. 나중에 될 거면 지금 당장에도 되어야만 했다.

휴가 동안 창원 모 수영장의 50m 풀에서 동기들과 수영을 했다. 잠영을 아무리 시도해도 30m를 넘기기 힘들었다. 성공하지 못했다는 사실보다도 수면 위로 나를 끄집어 올리는 이가 다름 아닌 나 자신이었다는 사실에 크게 분노했다. '더 참을 수 있다. 결코 이 정도로 사람은 죽지 않는다. 죽더라도 죽은 채로라도 저 벽까지 반드시 가야만 한다.' 마음은 그렇게 먹었는데도 숨이 조금만 딸리면 수면 위로 올라와 버리는 나 자신을 갈기갈기 찢어버리고 싶었다. 이렇게 강렬한 표현을 쓸 수밖에 없는 이유는 당시 내가 가지고 있었던 자기혐오의 감정이 이보다 더 강렬했던 까닭이다. 나는 이 정도밖에 안 되는 사람이었나 싶었다. 동기들이 식사하러 갔지만 나는 홀로 수영장에 남아서 될 때까지 연습하기로 했다. 성공하지 않으면 물에서 나가지 않을 작정이었다. 그러나 시도와 실패가 반복될수록 정신은 점점 나약해져서, 올라오는 지점은 매번 앞당겨지기만 했다. 좌절과 절망만 한가득 품은 채로 유디티 교육에 입교하게 되었다.

평가는 1분 30초의 수중 숨 참기 평가 이후, 단계별로 거리를 늘려서 최종적으로 50m 잠영 시험을 보았다. 수영장에서 가로로 거의 2바퀴를 왕복하고도 절반 정도를 더 가야지만 50m를 채우고 평가에서 통과할 수 있었다. 입교해서도 평가에 통과하기 위해 갖은 방법을 다 썼다. 머릿속으로는 항상 50m 잠영으로 물속에서 움직이는 나를 상상했다. 잠들기 전에, 화장실에서 용무를 볼 때, 걸어 다닐 때나 식사할 때도 항상 숨 참기 연습을 했다. 물에 들어가기 전에는 몇 번의 초과 호흡을 해야 하는지, 잠영하는 동안 어떤 이미지를 상상하고 마음을 다스릴지, 근육과 정신의 긴장을 어떤 식으로 해소할지, 벽은 어느 정도 세기로 차야 하는지, 스트로크를 몇 번 저을 때부터 호흡하려는 욕구가 차오를 것 같은지, 그 순간 당황하지 않기 위해서 나는 어떤 마음 상태여야 하는지 등의 세세한 부분들까지 끊임없이 이미지트레이닝했다. 그러나 이런 노력을 비웃기라도 하듯, 50m보다 짧은 사전 평가에서부터 계속 이른 시점에 호흡 욕구가 올라와서 고민이 많았다.

어느 날에는 일기장에 이런 얘기를 적었다. '내가 수면 위로 상승하지 않으면 내 몸은 절대 상승하지 않는다. 무의식적인 두려움 때문에 상승하는 거라면 무의식 속의 두려움을 찾아 끄집어내어 죽여버리고 나의 전 존재를 물에 완전히 맡겨야 한다. 자의식을 버리고 나를 현재 상황에 온전히 던질 수 있을 때 나는 정신적으로 한 단계 더 성숙해질 것이다. 잠영은 그다음이다.' 온 정신을 잠영 하나에만 집중했던 시절이었다. 그런데도 자신이 없었고, 그럴 때마다 자신 없어 하는 나를 나는 또다시 잔인하게 죽여 없애곤 했다. 이렇게 두려움을 속여가면서까지 평가를 꼭 한 번 만에 붙고 싶었다.

평가 날이 되었다. 긴장되고 떨리는 순간이었다. 실패에 대한 두려움은 여전히 나를 괴롭혔다. 날파리처럼 달라붙는 부정적인 생각들을 쫓아내기 위해 끊임없이 씨름했다. 나의 온몸과 마음을 편안한 상태로 유지하려고 초과 호흡과 평온한 생각에만 최대한 집중하려 애썼다. 앞 교번들이 먼저 평가에 임했다. 당시 17번 교번을 달고 있던 특전사 선배 교육생이 인상 깊었는데, 기절한 채로 게거품을 물고 물에서 올라왔다. 놀라운 광경이었다. 나는 단 한 번이라도 물에서 기절해본 적이 있었던가, 나는 왜 저 지경까지 나를 몰아붙이지 못했나 하는 생각이 들면서 가슴이 쿵쾅쿵쾅 뛰기 시작했다. 내가 왜 이곳에 와있는지를 깨닫게 하는 장면이었다. 그 뒤로도 몇 명이 기절한 채로 올라왔다. 이윽고 내 차례가 되었다. 평온한 마음으로, 온몸의 힘을 완전히 빼고, 항상 머릿속에 그려왔던 그대로를 재현하는 일에만 집중하려 애썼다. 물 밖에서 대기하던 교관들은 내 속도가 느린 걸 보고서 '저 놈은 머릿속에 든 게 많아서 머리만 가라앉는다. 곧 상승할 테니 건질 준비해라.' 하고 안전다이버들에게 지시했다고 한다. 그러나 나는 전혀 힘들지 않았다. 벽을 한 번 찍고, 아주 오랜 시간이 지난 후 반대쪽 벽을 다시 찍었다. 그리고 저 멀리 나를 기다리는 교관님 다리가 보였다. 마지막 순간에 나는 그 다리를 나의 어머니로 봤던 것 같다. 50m 지점 도달 직전의 기억은 그렇게 몽환적인 채로 남아있다.

도착. 상승. 오케이 사인. 통과했다. 그때 소요된 시간은 약 100초였다. 보통의 합격자들은 40초대에 들어왔다. 놀랍도록 긴 시간이었다.

그 후에 50m 잠영에 성공해 본 적은 없다. 이제는 물에 좀 더 익숙해져서 더 쉽게 성공할 수도 있겠지만 굳이 시도하고 싶지는 않다. 그날의 장면을 영원히 기적의 영역에 남겨놓고 싶기 때문이다. 그때의 내 가슴은 뛰고 있었을까, 아니면 평온했을까. 심장 박동의 빠르기가 어떤 상태여야 잠영에 도움이 되는지 나는 알지 못한다. 그러나 나는 그날 심장이 쿵쾅거리면서 사정없이 뛰는데도, 이상하게 잔잔하고 평온한 상태였다고 기억한다.

6-4. 잠영

6-5. 고소공포증

 나는 중증의 고소공포증 환자이다. 유디티에 입대하면서 조금은 나아졌지만, 아직도 육교를 올라가거나 고층 빌딩에 서는 게 그다지 달갑지는 않다. 믿기지 않는다면 나와 함께 육교를 건너보면 바로 깨닫게 된다. 그러나 유디티 훈련 중 이함 훈련이나 항공기 강하 시 고소공포증으로 인한 문제를 단 한 번도 겪지 않았다. 어떻게 극복해야 하는지 깨달았기 때문이었다.

 스페인 산티아고 순례길을 걸을 때의 일이었다. 안내 책자에서 다음 날 걸어야 할 루트 중에 커다란 육교가 있는 사진을 봤다. 벌집 모양으로 바닥이 다 뚫린 철제 육교의 사진이었는데, 그 아래를 가로지르는 고속도로로 화물 트럭들이

쌩쌩 지나가는 모습이 그대로 담겨 있었다. 같이 걷던 외국인 동료에게 내가 고소공포증이 심하니 내일은 반드시 같이 출발하자고 했는데, 다음 날 일어나니 이 친구는 이미 짐 싸서 사라진 상태였다. 결국 육교 앞에 홀로 도착한 후에 '이걸 건너야 하나, 말아야 하나.' 하고 줄담배를 연달아 피우며 고민했던 기억이 있다. 수십 분을 고민하다 결국 벌벌 떨며 육교를 간신히 건넜고, 덕분에 800킬로를 무사히 완주할 수 있었다.

상식적으로 육교는 그리 쉽게 무너지지 않는다. 또한 우리가 1층이라 믿고 안심하며 지나다니는 발밑에 사실은 지하수가 흐르고, 지하도나 지하철 같은 지하 구조물도 있다는 사실을 생각해볼 때, 우리가 평지라고 느끼는 이 땅도 어떤 면에서는 공중에 가깝다. 우리가 육교 위에서 두려움을 느끼는 게 자연스러운 감정이라면 땅 위를 걸을 때도 똑같이 두려워야 이치에 맞는다. 땅 위에서는 편안함을 느끼고 육교 위에서만 두려움을 느끼는 건 철저히 심리적인 오류라고 생각했다. 물론 생각으로는 그랬다.

당시 육교 위에서 깨달았던 사실은 두 가지였다. 하나는 우리가 스스로 목표한 바를 성취하기 위해 나아가고 있다면 눈앞에 놓인 과제로부터 결코 도망칠 수 없다는 사실이었다. 육교를 건너지 못했다면 나는 산티아고 순례길을 완주할 수 없었을 것이기 때문이다. 또한 두려움을 유발하는 대상으로부터 느끼는 두려움은 본능적인 반응이라는 사실이었다. 아무리 이성적이고 합리적으로 생각하려고 노력해도 육교에 대한 두려움을 쉽게 떨쳐내지는 못했다. 결국 우리는 두렵지 않을 수는 없다. 다만 두려움을 끌어안은 채로 나아가야만 한다. 우리에게 주어진 길이 그 길뿐이기 때문이다.

수병으로 입대하기 직전, 강원도의 모 번지점프대에 간 적도 있었다. 당시에는 유디티가 될 줄은 상상도 못했지만, 군에 입대하면 높은 곳에 대한 두려움이 있어서는 곤란할 거라는 생각이 들었기 때문이었다. 내 앞의 어떤 도전자가 수십 분을 점프대 위에서 고민하다 결국 점프에 실패했다. 스스로 걸어 올라간 그곳에서 어깨를 축 늘어뜨리고 다시 스스로 걸어 내려오는 모습은 얼마나 비참한 모습인가 하는 생각이 문득 들었다. 그래서 나는 점프대에 올라가서 안전관리요

원이 '쓰리' 하고 카운팅을 시작할 때 곧바로 뛰어내렸다. 땅바닥이 얼굴로 달라붙는 느낌으로 시야에 확 들어왔다. 내장이 뽑혀서 흘러나오는 기분이 들었다. 그러나 두려움은 찰나에 사그라졌고 나는 금세 하늘에 대롱대롱 매달려있다는 환희를 만끽했다.

그때 깨달았다. 두려움에 나를 잠식할 시간을 내어주어서는 안 된다는 것을. 두려움보다 한발 먼저 스스로 떨어지는 경험을 단 한 번만 해볼 수 있다면 어떤 공포증도 극복할 수 있다는 사실을. 그래서 유디티 훈련 중 높은 곳에서 점프해야 하는 상황이 있을 때마다, 교관 혹은 점프 마스터가 내 등을 터치하기 미묘한 직전에 내 발로 스스로 먼저 뛰었다. 실로 단 한 번도 점프를 머뭇거린 적이 없었다.

동기 중에 고소공포증을 끝끝내 이겨내지 못하고 퇴교했던 이가 있었다. 세계최강이라는 구호가 좋아서 유디티에 들어왔던 친구였다. 전우애라는 단어를 좋아했다는 기억도 난다. 아직도 연락하고 무척 가깝게 지내지만, 그때 내가 이 경험들에 대해서 제대로 들려줬는지는 명확히 기억나지 않는다. 이 친구가 딱 한 번만 자신의 의지로 떨어져 봤다면, 그래서 두려움을 극복하고 함께 이 고된 훈련을 무사히 마칠 수 있었다면 좋았을 거라는 생각을 할 때마다 아쉬움이 남는다.

6-6. 이름표

모든 동기의 이름표를 매직으로 손수 적어준 날이 있었다. 학원에서 학생들을 가르치다 왔으니 글씨를 잘 쓸 것 같다는 이유만으로 내가 이름맨으로 지목되었다. 훈련생들의 이름과 교번은 수기로 적어 가슴에 부착하게 되어있었다. 지옥주 전까지 사용될 하얀색 이름표였다. 한 명도 낙오하지 않고 끝까지 함께 가고 싶다는 염원을 담아 진심으로 한 명 한 명 정성껏 이름과 교번을 적어주었다.

그저 지쳐서 필요로 만나기는 싫다던 신해철의 가사처럼 당시에 나는 너무나 외로웠기 때문에 오히려 누구에게도 의지하지 않았다. 세상에는 나를 그리워하고 기다려주던 소중한 사람들이 있었다. 삶에 너무나 많이 지쳐버린 나는 그들을 필요로 했고, 필요하다는 바로 그 이유로 연락 한 번 제대로 하지 못했다. 끝까지 감추려고 애썼지만, 당시 내게 필요했던 건 일종의 가족이었다고 생각한다. 필요와 이해관계로 엮인 관계가 아니라, 울 때 함께 울고 웃을 때 함께 웃는 관계라면 그게 나의 가족이다. 전우애라는 철 지난 느낌의 단어를 실제로 언급한 적은 없었다고 기억하지만, 훈련하는 내내 전우애라는 단어가 내 안에 확고하게 자리 잡을 수밖에 없었던 이유였다.

동기들과 끝까지 함께 가고 싶다는 생각이 무척이나 컸다. 흔히 퇴교병이라 부르던 현상은 한 명이 퇴교하면 역병처럼 퇴교의 기운이 감돌아 단체로 퇴교하게 되는 상황을 일컫던 말이었다. 다들 몸과 마음이 덜 적응되어있었던 지옥주 전까지가 퇴교병이 가장 심했다. 어떤 이들은 구보에 낙오하고 매일 지옥을 맛보다가 퇴교를 선언하기도 했다. 또 어떤 동기는 수중 이퀄라이징에 문제가 있어 퇴교를 희망하기도 했다. 무릎 인대가 끊어지기 직전까지 간 동기도 있었고, 교관에게 찍혀 훈련할 의지가 꺾인 사람도 있었다. 나는 이들과 진심으로 다 함께 가고 싶어서 그들을 도와줬다. 구보에서 처지면 뒤에서 밀어주었고, 정신력이 흔들리면 붙잡아 바로 세워주려고 애썼다. 한라산에서 두 명이나 정상까지 밀어 올렸던 건 지금 생각해도 자동차를 들어 올리는 것만큼이나 기적 같은 일이었다. 훈련을 마치면 다들 피곤할 테니 작업이 있으면 항상 제일 먼저 뛰어나갔다. 한 명도 낙오 없이 다 함께 가자고, 힘들어하는 사람을 볼 때마다 얘기했다. 이는 내가 이들에게 티 안 나게 기대는 방식이었고, 이들로 인해 내가 생존하는 유일한 방식이었다.

동기들이 퇴교할 때마다 수료를 향한 내 의지가 한 번씩 흔들리기도 했다. K라는 동기는 무릎 인대가 나가서 쩔뚝거리며 구보를 했다. 병원에 갔는데 훈련을 계속하면 무릎을 영영 못 쓰게 된다고 했다. 그는 스스로 말하기를 자신은 완전히 끝났다고 했다. 상황 앞에서 끝까지 맞서 싸웠지만, 그는 결국 교관 앞에서 퇴교를 말하던 순간에 눈물을 보였다. 유디티 주임원사가 꿈이었던 이 동기는 다음 해에 다시 입교해서 무사히 유디티 교육을 수료했다. 이 친구를 비롯해 다른 퇴교한 동기들도 대부분 다음 해에 다시 입교해서 무사히 유디티 휘장을 달았다.

C라는 친구가 특히 생각난다. 이 친구는 첫 숨 참기 평가 때부터 통과하지 못했다. 구보도 자주 낙오했다. 이 친구로 인해 많은 동기가 얼차려를 받은 적도 있었다. 한번은 수영장에서 수영 훈련을 했는데, 교육생용 주황색 수모를 놓고 오기도 했다. 이로 인해 이 친구를 제외한 모든 교육생이 얼차려로 입수해서 입영으로 떠 있어야 했다. 그는 교관의 지시로 빗속에 홀로 서서 우리를 바라봐야만 했다. 자신 때문에 동기들이 얼차려를 받는 상황을 그는 견딜 수 없었다. 어깨를 들썩이며 서럽게 울었다. 비와 눈물의 구분이 없었다. 그는 결국 자진 퇴교를 선언했다. 이후 우리는 물에서 나와서 육상에 모여 앉았다. 비가 오고 물이 아직 차서 체온이 많이 떨어져 있었다. 교관은 우리를 향해 모여 앉아 서로의 체온으로 몸을 덥히라고 지시했다. 동기들의 타이즈에서 증기가 모락모락 피어올랐고, 그 사이로 떨어지는 빗물이 우리의 시야에 내리고 있었다. C는 홀로 떨어져서 우리의 체온을 느낄 수 없었고, 살아남은 자들은 모여 앉아 서로의 체온에 의지해서 또 한 순간을 버티고 있었다.

　나는 이 친구가 퇴교를 희망할 때마다 붙잡고 힘을 주려고 많이 애썼다. 공중전화 부스 앞에 앉혀 놓고 같이 멘소래담을 바르며 수십 분 동안 이야기를 나누어서 겨우 마음을 돌려놓은 적도 있었다. 사람들은 대부분 이 친구가 나약하다고만 생각했다. 그러나 나는 이 친구가 수료해서 활짝 웃고 더 강해지는 모습을 진심으로 보고 싶었다. 동기라는 이름으로 우리와 함께 시작했으면 끝도 함께 맺기를 바랐다. 그러나 이 친구는 결국 퇴교해서 다른 직별을 받아 배를 타러 갔다. 내가 마음 담아 적어준 이 친구의 교번과 이름은 생각보다 빨리 사라졌다. 그의 이름을 적어주던 내 마음이 덜 진심이었는지 돌아보기도 했고, 이름을 대충 써주었던 건 아니었나 생각도 들었다. 그가 퇴교를 결정한 것이 결코 나의 잘못 때문은 아니었지만, 이상하게 그 친구는 지금까지도 마음에 남아있다.

가족 같은 관계를 찾아 헤매던 그 시절, 이들은 내가 바라던 그 이상으로 의지가 되고 힘이 되어주었다. 어떤 말이나 행동 때문이라기보다는 존재 자체로 나를 일어서게 하는 힘이 동기라는 관계 속에 있었다. 이런 얘기를 대놓고 하기에는 우습고 쑥스러워 이들을 마주 보고 이런 이야기를 할 일은 앞으로 영원히 없겠지만, 그 시절의 내 마음이 진실로 그러하였음을 부정할 수는 없다. 앞으로도 살아가며 좋은 사람들을 많이 만나게 되겠지만, 이러한 관계는 그 시절의 우리가 아니었다면 다신 없을 유일한 관계라고 생각한다. 어떨 때는 서로 상처를 주고받기도 했겠지만, 이들이 없었다면 나 혼자만의 힘으로는 결코 유디티가 될 수 없었으리라고 확신한다.

6-7. L

　L을 처음 봤을 때의 모습이 아직도 생생하다. 부사관 교육대에서 최초에 같은 소대에 있었다. 입대 첫날, L은 출입구 쪽 침대에 짐을 풀고 있었는데 파란색 트랙 재킷에 운동복 바지를 입고 있었던 모습을 기억한다. 첫인상은 완전히 북한 인민군이었다. 깡말랐고 얼굴은 새카맸는데, 눈은 강인해 보이면서도 은근히 순한 구석이 있었다. 왠지 모르게 느낌이 좋았다. 알고 보니 나보다 나이가 한 살 많았다. 나도 스물다섯이라는 늦은 나이에 수병으로 입대해서 스물여섯에 부사관으로 다시 들어왔는데, 이 사람은 재복무도 아니면서 스물일곱에 처음으로 입대하였다고 하니 그가 살아온 여정이 궁금해졌다.

원래 그는 남들이 군에 입대하는 평범한 나이에 특전 직별로 부사관 교육대에 입대했다. 그러나 교육 중 아버지의 부고와 어머니의 투병 소식을 듣고 임관하지 못한 채로 중간에 짐을 싸서 나갔다. 그 뒤로 안 해본 일이 없다고 했다. 한번은 조선소에서 휴일도 없이 수개월을 일하고 단시간에 천만 원 가까이 모았으나, 부모님 치료비와 생활비를 제하고 티셔츠 한 장 사니 남은 돈이 없었다고 했다. 그런 상황이 허무했다기보다는 당연히 해야 하는 일이었다고 담담히 얘기했다. 유흥에 탕진하거나 자신을 위해 쓰거나 사랑하는 여인을 위해 쓴 것도 아니고 철저히 가족만을 위해 살았던 그의 지난 세월이었다. 결국 그의 어머니는 말기 암에서 기적적으로 완치되었고 지금까지 건강히 살아계신다. 나는 어머니가 돌아가시고 입대했는데, 형은 끝끝내 어머니를 살려 놓고 입대했다.

나는 이 사람은 삶의 고통이 무엇인지 아는 사람이기 때문에 꼭 같이 수료하고 싶다고 생각했다. 그러나 훈련 2주 정도 지났을 때인가 형은 갑자기 내게 퇴교하겠다고 얘기했다. 내가 도와줄 테니 함께 가자고, 절대 나가지 말라고 붙잡으면서 나도 모르게 눈물을 많이 흘렸다. 개인적인 슬픔으로 인한 눈물이 아니라 전적으로 타인을 위한 눈물은 인생 전체에 걸쳐서도 드문 경험이었다. 그 눈물의 힘으로 L은 퇴교를 번복하고 2주를 더 버텼다. 퇴교 번복의 대가로 교관님들의 사랑을 독차지 받았음은 물론이었다. 그는 무더위 속에서도 자신의 뺨을 때려가면서 구보를 했다. 낙오하지 않으려 끝까지 애썼다. 그러나 선천적인 코와 고막의 문제로 수중 이퀄라이징, 소위 '펌핑'이 제대로 되지 않았다. 고막의 통증으로 인해 L은 깊은 물속에서 유독 두려움을 느끼게 되었다.

일반학 4주 차 훈련을 마치고 지옥주를 앞두고 있던 어느 주말, 형은 나를 옥상으로 불러내어 다시 퇴교하겠다고 얘기했다. 나는 내가 살아오고 경험해 온 역사를 모조리 얘기하며 붙잡으려 안간힘을 썼다. 나가는 즉시 본인의 선택을 후회할 것이라고, 한 번 열정을 품은 일을 제대로 끝맺지 않으면 평생에 걸쳐 후회하게 되어있는 법이라고, 그동안 고생 많았으니 이제 영광의 순간을 함께 누릴 때가 되지 않았느냐고, 내가 다 도와줄 테니 우리 함께 가자고, 그렇게 애원하며 붙들었으나 그는 결국 퇴교했다.

그때 나는 지금껏 살아온 인생에 대해서 깊은 회의감에 빠졌다. 나는 나의 힘들었던 경험이 누군가의 삶을 분명히 이끌어줄 수 있을 것으로 생각했다. 내가 겪은 감정의 파고가 높았기 때문에 누구의 감정이라도 이해할 수 있는 박애의 감수성이 있다고 스스로 믿었다. 그러나 내가 살아온 인생 스토리가 그의 퇴교를 막는 데 전혀 도움이 되지 않았다는 사실을 깨달았을 때, 나는 무엇을 위해서 고통을 견디며 여태껏 살아왔나 하는 생각이 들었다. 그의 마음을 돌려세우는 데 실패하면서 내가 겪어온 모든 시련은 아무런 가치가 없다고 느껴졌다.

그가 없어도 지옥주는 시작되었다. 그는 하루아침에 퇴교생의 신분이 되어 본관 중앙 현관에 홀로 앉아 하염없이 연병장을 바라봤다. 잠도 못 자고 보트를 온종일 머리에 이고 이리저리 구르고 있는 동기들을 보면서 아쉬움과 미안함, 그리고 부러움을 동시에 느꼈다고 했다. 그는 얼마 후 새로운 직별을 받아서 함정 근무를 하게 됐다. 유디티 훈련소를 떠나기 전 그는 나에게 편지를 한 통 쥐여줬다. 그 안에는 본인이 선천적인 코와 고막의 문제를 가지고 있었으며, 이곳을 나가면 수술이나 다른 여러 가지 시도를 해서 재정비하고 내년에 기필코 다시 도전하겠다는 내용이 적혀있었다. 적어도 나만큼은 자신이 가지고 있던 신체적 문제를 그대로 알아주기를 바란다고 덧붙였다. 나는 이별 선물로 문병란의 〈희망가〉를 적어서 그에게 쥐여줬다. 그는 새로운 직별 교육을 받으면서, 또 함정에서 근무하면서 내 눈물에 대해서 많이 생각했다고 했다. 본인이 도대체 무엇이길래 저 사람은 나를 위해 울어주었을까, 하고 말이다. 그는 1년 내내 〈희망가〉를 읽었고, 몸과 마음을 가다듬어 결국 다음 해에 재도전했다. 모든 평가를 한 번에 통과하고 1년 늦게 유디티가 되었다. 순항의 내일이 그에게 찾아왔다.

그의 코와 고막에 대한 구체적인 의학적 소견은 알지 못한다. 그가 다음 해에 재도전해서 모든 평가를 가볍게 통과했을 때 별도의 수술이나 치료를 받았는지도 알지 못한다. 하지만 그는 어떤 식으로든 자기 자신을 이겨내는 데 성공했다. 그가 다시 유디티가 되었다는 단순한 사실보다도 스스로와의 전쟁에서 끝끝내 패배하지 않았다는 사실이 나를 무척이나 기쁘게 했다.

꿈꾸는 자여,

어둠 속에서 멀리 반짝이는 별빛을 따라

긴 고행길 멈추지 말라

인생 항로 파도는 높고

폭풍우 몰아쳐 배는 흔들려도 한 고비 지나면

구름 뒤 태양은 다시 뜨고

고요한 뱃길 순항의 내일이 꼭 찾아온다.

- 문병란 〈희망가〉 중

6-8. 지옥주

지옥주가

어 - 머 니 아 - 버 지 - 날 곱 게 길 - 러 - 서
심 술 궂 은 교 관 O 들 한 테 기 합 도 많 이 받 았 소

U D T 에 - 보 내 려 - 고 이 자 식 길 렀 - 습 니 까
배 고 프 고 - 졸 리 워 - 서 난 정 말 못 살 - 겠 어 요

O O 같 - 은 훈 련 - 에 도 이 몸 은 살 아 왔 건 만
O O 같 - 은 지 옥 - 주 도 이 몸 은 살 아 왔 건 만

보 트 - 메 고 훈 련 - 하 - 는 올 챙 이 용 - 사 라 - 오
2 4 - 주 만 지 나 고 나 - 면 개 구 리 용 - 사 라 - 오

7월 24일

　어머니께서 임종 선고를 받았던 시각은 내 기억으로는 2014년 7월 24일 자정을 갓 넘긴 때였다. 어머니께서는 중환자실에서 말기 암 치료를 받으시다가 임종 직전에는 호스피스 병동으로 옮겨서 연명치료를 받으셨다. 나중에는 암세포가 뇌까지 전이되어 어머니는 치매 증상을 보였고 자식들을 알아보지 못하실 때도 잦았다. 알 수 없는 말들을 많이 하셨고 대소변을 스스로 가리지도 못하셨다. 누나가 어머니 옆에서 온종일 간호하며 도왔다. 임종 소식은 어머니의 50년지기 친구들에게도 전해졌다. 늦은 밤이라 연락이 잘 닿지 않아서였는지 친구분들께서는 자정에서 두 나절은 족히 지난 정오께가 되어서야 도착하셨다.

어머니의 심박 표시기는 자정 무렵에 최초로 평행선을 그렸다. 누나는 그럴 때마다 아직 가지 말라고 울부짖으며 어머니의 뺨을 사정없이 두들겼다. 50년 지기 벗들을 마지막으로 보고 가라는 뜻이었다. 심박 표시기는 다시 산 자의 영역으로 넘어왔다. 그렇게 망자와 산 자의 경계를 끊임없이 오가며 장장 열두 시간을 더 버텨낸 어머니는 산 자의 상태로 간신히 옛 벗들을 만났다. 그리고 영원히 망자가 되었다.

그날 나는 눈물을 흘리는 데 오랜 시간이 걸렸다. 감정의 미동이 한동안 없었다. 지금 생각해보면 임종을 처음 지켰기 때문이었는지 누군가가 이 세상을 떠났다는 사실에 대해 잠시 현실 감각이 없었던 것 같기도 하다. 망자는 청력이 마지막으로 사라지기 때문에 숨이 멎은 후에도 들을 수 있으니, 마지막으로 하고 싶은 말을 하라고 의사가 말했다. 할 말이 딱히 생각나지 않아 한참을 고민한 끝에, 나는 어머니 귀에 대고 '고생 많았어요.' 한 마디를 잔잔하게 읊조렸다. 평온히 눈 감은 어머니의 모습을 한참 바라보았다. 그때까지도 감정의 미동이 없었다. 그러다 갑자기 가슴 속 저 깊은 곳에서부터 몰려오는 어떤 거대한 감정을 느꼈다. 순식간에 나를 집어삼킨 해일에 휩쓸려 나는 영원한 슬픔의 골짜기로 기약 없이 떠내려갔다.

그녀는 화장을 못했다. 파우더는 항상 두꺼웠고 피부에서 하얗게 떠 있었다. 그녀의 삶만큼이나 복잡했던 그녀의 가방 속에는 아직 납부하지 못한 고지서가 가득했고 온갖 싸구려 화장품들이 부서진 채로 가루가 되어 굴러다녔다. 아버지에게 맞아 시퍼렇게 된 눈을 가려야 했던 날에는 두껍고 하얀 화장이 더 진해져야만 했다. 전문적인 화장은 망자가 되어 염을 할 때나 받았다. 이제야 온 얼굴에 제대로 분칠하고 입술을 빨갛게 칠한 어머니를 바라보며, 어떤 인생에는 평온이라는 게 죽음 이후에나 찾아오기도 하는구나 하고 생각했다.

내가 수능을 치르던 무렵부터 어머니는 가슴에 멍울이 잡힌다고 하셨다. 어렸고 내 앞가림하기에도 바빴던 시절이라 듣고도 대수롭지 않게 여겼다. '병원에 한번 가봐.' 하고 무심히 한 마디 던지는 게 당시 나의 이기적인 최선이었다. 어머니는 그때 죽음에 대한 두려움을 본능적으로 느꼈던 듯

했다. 남몰래 암보험을 들었고, 보험금을 받을 수 있는 날짜까지 암 진단을 미뤘다. 그동안 암 덩이는 온몸으로 전이된 뒤였다. 말기 암이었다.

의사로부터 어머니의 말기 암 시한부 선고를 듣는 순간에 나는 이상하리만치 이성적이었다. 시한부 6개월이라고? 웃기는 소리를 하고 있다. 암 말기에서 살아난 경우가 없느냐 물으니 의사는 철저히 기계적으로 정해진 의학적 소견을 반복해서 내뱉을 뿐이었다.

곧바로 서점에 들러 말기 암 환자들의 기적적인 완치 사례를 수집하기 시작했다. 생각보다 사례는 꽤 많았다. 공통으로 하는 얘기는 육식 위주의 식습관 개선과 불규칙한 생활 습관 개선, 스트레스 관리, 그리고 맑은 공기였다. 말기 암 환자들을 대상으로 하는 전국의 자연치유 센터를 다 찾아내서 꾸준히 보내드렸다. 아플 땐 고기를 먹어야 한다고 강하게 믿고 계시던 어머니께서 점차 채식으로 식습관을 바꾸셨다. 누나가 집을 리모델링해서 공기 질 또한 개선할 수 있었다. 산에 다니기 시작하셨고 웃음 치료도 하셨다. 그간 배우고 싶어 하셨던 성악을 배우러 다니기도 하셨고, 합창단에서 활동도 꽤 오래 하셨다. 반세기를 꿈만 꿔오시던 피아노를 어머니께 선물로 사드렸고 어머니는 독수리 타법으로 서투르게 체르니 100번을 연주하셨다. 의사가 6개월이라고 했던 시한부 수명은 그렇게 4년여까지 늘어날 수 있었다.

어머니가 아프시고 나서야 나는 한 번도 어머니께 제대로 된 식사를 대접하거나 극장에서 영화를 보여드린 적이 없었다는 사실을 깨달았다. 절친했던 친구들과 각자의 어머니를 모시고 최고로 좋은 식당에서 식사하자고 제안했다. 스물한 살의 다 큰 청년들이 교복을 입고 각자의 어머니를 모시고 63빌딩 꼭대기 층의 식당으로 갔다. 십 년 전 런치 가격이 인당 7만 원이었다. 당시로서는 꽤 큰 돈이었다. 샐러드에 방울토마토가 반쪽밖에 나오지 않던 사실에 놀랐던 기억이 있다. 어머니와 '써니'라는 영화도 봤다. 지금은 기억이 희미하지만, 영화 속에서 '어머니라는 한 여자의 잊혀진 이름'에 관한 내용이 나왔던 것 같다. 그래서 어머니께 처음으로 편지를 썼다. 어머니와 아내라는 이름에 가려져 한 번도 당신의 이름으로 불린 적 없었던 당신에게 이제라도 본인의 이름을 찾아드리고 싶다고. 어머니께서 꽤 오랫동안 눈물을 흘리셨던 것으로 기억한다.

어머니께서 마지막으로 드시고 싶어 하셨던 음식은 오리고기였다. 우물쭈물하는 사이에 어머니는 음식을 씹어 넘길 수 없어 수액으로 연명하는 상태가 됐다. 입대를 앞두고 어머니의 산소가 있는 남양주로 무작정 찾아갔다. 핸드폰도 없었던 당시의 나는 ㅇㅇ동산이라는 공동묘지의 이름만 겨우 알았다. 그러나 지척에 갔는데 아무도 그곳이 어딘지를 정확히 몰랐다. 해는 떨어졌다. 오리고기가 비싸서 삼계탕도 아닌 반계탕 한 그릇이나 겨우 사서 무덤가에서 먹고 입대하고 싶었는데 결국 그러지 못했다. 편의점 의자에 앉아 식어버린 반계탕에 깍두기를 안주 삼아 소주를 마시며, 어떤 시인처럼 나는 생각했다. 눈물은 왜 짠가.

훈련을 받으면서 힘들 때면 어머니를 생각했다. 어쩌면 어머니 생각이 나는 날을 스스로 힘든 날이었구나 하고 생각했는지도 모르겠다. 생각 속에서 어머니는 뺨을 맞으며 망자와 산 자의 영역을 끊임없이 오가고 있기도 했고, 곱게 분칠

한 얼굴로 평온하게 누워서 입관을 기다리고 있기도 했다.

7월 25일 ~ 7월 29일

 지옥주 훈련이 이뤄졌던 2016년 7월 25일부터 29일까지는 진해기지사령부 영내에 폭염 경보가 내려졌다. 건물 옥상마다 빨간 깃발이 올라왔고 도로 위에서 타 부대 사람들을 찾아볼 수 없었다.

 지옥주 전날 19시부터 이른 취침 지시가 떨어졌지만 우리는 쉽게 잠들지 못했다. 앞으로 120시간가량 군화와 군복을 벗지 못하기에, 우리는 군화에 칼로 물 빠짐 구멍을 냈고 군복 안에 쓸림 방지를 위한 바셀린을 잔뜩 발라 두었다. 모자가 분실되지 않도록 카포크 구명조끼에 연결할 낙하산 줄의 상태를 다시 점검했고 모자챙 한쪽에는 야간 식별용 케미라이트를 꽂아 두었다. 야간 IBS 기동 시 해상에서 실종되지 않도록 하기 위한 최소한의 안전 대책이었다.

25일 00시를 기점으로 교육훈련대대 연병장에 사이렌이 울렸고 공포탄과 연막탄이 터졌다. 교관들은 교육생들의 숙소 문짝을 걷어차고 고성을 지르며 교육생 총원을 연병장에 집합시켰다. 우리는 잠이 덜 깬 상태로 소방호스 물줄기를 맞으며 끊임없이 오와 열을 맞췄고 카포크 재킷을 입었다 벗었다 했다. 교관이 지시하는 우스꽝스러운 복장들을 갖춰 입고 벗으며 앉았다 일어나기를 반복하거나, 연병장을 굴러다니기도 했다. 즐거운 패션쇼가 한동안 이어졌다. 빤쓰만 입은 채로 급하게 나왔어야 했는데 미리 군복을 입고 준비하고 있었다고 더 오래 얼차려를 했다. 우리는 몸과 마음이 한껏 흥건해진 채로 보트를 들고 정신없이 부둣가로 향했다.

　부둣가에는 고사상이 차려져 있었다. 지옥주 안전 기원제였다. 잠 못 자고 정신없이 육, 해상을 오가며 120시간을 이어져야 하는 훈련이라서 교육생도, 교관도 까딱 잘못하면 위험해지기에 십상인 까닭이었다. 우리는 운반한 IBS 보트를 부둣가에 내려놨다. 곧바로 물에 뛰어들어서 다 같이 팔짱을 끼고 오와 열을 맞춘 채로 3시간에 걸친 냉수온 견디기를 시작했다. 1번 선임 장교 교육생은 교육생 총원을 대표하여 고사상에 대고 신고를 드렸다. 아리랑 선율에 맞춰 '신고를 드려요, 신고를 드려요, 지옥에 계신 염라대왕님께 신고를 드려요.'라고 시작하는 신고는 한 번에 통과하지 못했다.

다시 신고하라는 교관의 지시에 따라 선임 교육생의 신고가 끝도 없이 반복됐다. 이후 우리는 다 같이 지옥주가를 불렀다.

'어머니, 아버지 날 곱게 길러서 / 유디티에 보내려고 / 이 자식 길렀습니까.'

우리는 모든 노래와 신고와 대답을 구슬프게 반복해야만 했다. 구슬플 때마다 교관들은 간식과 음료를 공중에 뿌려댔다.

이후 IBS 해상 기동이 시작되었다. 100kg에 육박하는 고무보트를 7명이 함께 노 저어 목표 지점까지 찍고 돌아오는

훈련이었다. 첫날이라 그다지 피곤하지는 않았다. 내가 탔던 보트는 이때부터 지옥주가 끝날 때까지 잘 나가지 않았다. 다시 교훈대대 연병장으로 돌아온 시각은 오전 7시경. 출발했던 부두와는 다른 부두로 노를 저어 도착해서 교훈대대까지 육상 헤드 캐리 기동을 했다. 진정한 지옥이 생각보다 빨리 시작됐다. 폭염 속에서 쓸림 방지용으로 상의 안에 껴입은 타이즈가 문제였다. 여름에 태어났지만 더위에 유독 약했던 나는 보트를 헤드 캐리하는 내내 열이 배출되지 않아서 카포크 재킷을 손으로 뜯어버리고 싶을 지경이었다. 그러던 중 옆에 있던 동기도 체력이 일찍 바닥나서 자꾸 주저앉으려 했다. 한 사람이 자빠지면 7명 팀원 모두가 자빠지는 상황이었다. 내 몸 하나 못 가누면서도 동기에게 소리치며 붙잡아 세우고 멱살을 잡아끌어서 연병장까지 데리고 갔다.

식사는 보트를 머리에 인 채로 페달에 받아서 손으로 먹었다. 손이 더럽다는 생각보다는 더러운 손으로 집어 먹다 균에 감염되어 퇴교할지도 모른다는 생각에 무서웠다. 이후 간단한 체조와 구보를 했다. 물론 군복에 카포크 구명 재킷을 입고 사람 키만 한 페달을 '앞에 총' 자세로 파지한 채로 말이다. 발바닥부터 정수리까지 온몸이 구석구석 뜨겁게 달아올랐다. 나에게 지옥주는 처음부터 끝까지 잠보다는 더위와의 싸움이었던 것 같다. 이때부터 이틀 정도는 종을 치고 자진 퇴교해야겠다는 충동이 내내 들었다.

체조 구보를 마친 우리는 보트를 머리에 이고 연병장에 모여 앉았다. 식사를 마칠 때마다 교관들은 클래식 음악을 틀어주곤 했다. 교관들은 계속해서 취침을 적극적으로 권장했다. 그러다 누구 한 명이라도 눈을 감으면 우리는 보트를 머리에 인 채로 선착순을 뛰었다. 순위 안에 들지 못하면 언제까지라는 기약도 없이 무작정 계속 뛰어야 했다. 3, 6, 9 게임을 하기도 했다. 박수가 나와야 할 때마다 침묵이 자주 벌어졌다. 3, 6, 9가 한 바퀴 돌기도 전에 우리는 축구 골대를 좌에서 우로, 우에서 좌로 돌고 있었다. 교관들과 우리는 잠을 놓고 창과 방패처럼 끝없이 투쟁했다. 그리고 우리는 잠이라는 창 앞에서 매번 패배하기 일쑤였다. 지옥주 내내 모든 일과는 거의 이런 식이었다. 바다에서 노를 젓거나, 헤드 캐리하고 선착순을 뛰거나, 보트가 산으로 가거나.

 둘째 날부터는 점차 기억이 희미해지기 시작했다. 아마 섬까지 노를 저어 이동했던 것 같다. 보트를 헤드 캐리해서 산을 타기도 했다. 산악구보를 할 때는 반드시 눈물을 흘린다는 의미로 '눈물고개'라는 이름이 붙여진 급경사 언덕을 오리걸음으로 넘기도 했다. 연병장에서 식사 후 누군가 졸아서 목봉 체조를 하기도 했다. 셋째 날에는 진해루 앞 갯벌에서 머드팩 마사지를 했고 시궁창에 머리를 박고 숨을 오래 참기도 했다. 순직하신 선배들이 모셔져 있는 대죽도 UDT 충혼탑과 고 한주호 준위님 동상을 참배하기도 했다. 모 교관은 한주호 준위님 동상 앞에서 우리에게 담배를 한 대씩 피우게 해주었는데 이것은 담배가 아니라 인생을 피우는 거

라고 했다. 이런 담배는 앞으로 평생 피우지 못하리라는 생각에 금연 중이었는데도 한 대 얻어 피웠다. 아마 담배를 아직 못 끊고 있는 이유 중에 그날의 기억이 꽤 많은 지분을 차지하고 있을지도 모르겠다. 넷째 날에는 동물 화장장에 올라가 담력 테스트를 하기도 했다. 교관들이 귀신 분장을 하고 우리를 놀래주려 했으나 전혀 놀라지도 않았던 기억이 난다. 마지막 날에는 마산의 돝섬까지 장거리를 해상 기동하여 세상 끔찍한 피크닉을 즐기기도 했다. 돝섬이 사람들이 쉬러 가는 휴양지인 것을 나는 수료하고 한참이 지나서야 알았다. 돝섬까지 가는데 노를 아무리 저어도 보트가 앞으로 나가지 않아서 손바닥 한가득 물집이 잡혀 터졌던 기억밖에는 없다.

우리 배는 유독 안 나갔다. 첫날에는 칵션, 즉 방향타를 잡은 장교 교육생이 졸아서 배가 지그재그로 움직였기 때문이라고 생각했다. 그러나 그 교육생이 퇴교하고 나서도 배는 앞으로 나가지 않아서 항상 꼴찌를 면하지 못했다. 나를 비롯한 조원들이 졸든, 졸지 않든 마찬가지였다. 한번은 교관들이 우리의 느려진 속도에 잔뜩 화를 내기도 했다. 우리는 노 저을 자격이 없다고 했다. 우리 조 총원을 입수시킨 후

팔로 보트를 잡고 손으로 물을 저어서 가게 했다. 물속에서 하나둘 하나둘하고 타이밍 맞춰 손으로 보트를 저어 나아가던 우스꽝스러운 밤이 아직도 생생하다. 배가 잘 나가지 않으면 교관들은 벌칙으로 보트에 물을 흥건하게 뿌리거나 스스로 올라탔다. 그래서 하위권 조들의 보트는 무게가 두 배 이상 나가기도 했다. 그런 보트를 지옥주 내내 머리에 이고 다녔다. 우리는 모두 정수리 한가운데에 마찰로 인한 원형탈모가 생겼다. 영원히 없어지지 않을 줄 알았던 그 흔적은 수료하고 나서도 몇 달은 지난 후에야 겨우 사라졌다.

6-8. 지옥주 / 7월 25일 ~ 29일

지옥주 때는 많은 사람이 자신의 본성을 내보였다. 그건 나도 마찬가지였다. 힘들면 바로 고개를 숙이는 사람도 많았다. 같은 조원들과의 갈등은 일상이었다. 잠을 못 자니 어쩌면 당연한 일이었다. 헛것을 보기도 했다. 캄캄한 진해 밤바다에서 엄마를 찾거나 혹은 롯데마트를 발견하는 사람도 다수였다. 낮과 밤 혹은 바다와 산악지형이 순식간에 뒤바뀌어 있는 일명 '텔레포트' 또한 자주 경험했다.

지옥주 동안 많은 사람이 퇴교했다. 의지박약으로 나갔던 사람도 꽤 있었으나 얼굴이 잘 기억나지는 않는다. 보통 군복 재봉선에 쓸린 부위에 봉와직염이라는 염증 반응이 생겨 부득이하게 퇴교했다. 보트를 머리에 이고 선착순을 돌다가 축구 골대에 부딪혀 다친 사람도 있었다. 무릎이 다쳐서 퇴교한 사람들도 있었다. 그런데도 남을 사람은 남아있었다. 어떤 동기는 지옥주가 끝난 후 상어에게 물린 것처럼 온몸이 전부 쓸려 있어서 사람들의 경악을 자아내고도 살아남았다. 지옥주까지 버티고 살아남았던 이들은 버틴 게 아까워서라도 대부분 수료까지 쭉 함께했다.

초반의 더위로 인한 퇴교 충동을 이겨내고 끝까지 버틸 수 있었던 이유는 동기들 덕분이기도 했지만 아무래도 J 교관의 존재가 컸다고 생각한다. 그는 지옥주가 나에게 어떤 의미였는지를, 내가 지옥주를 앞두고 적어낸 신상 기록서를 읽고서 미리 알고 있었다. 며칠 차였는지 기억나지는 않지만, 식사 후 연병장에 앉아서 대기하고 있던 우리에게 갑자기 하늘을 쳐다보라고 했다. 어리둥절해서 대충 보다가 말았더니 그는 나를 똑똑히 쳐다보며 다시 얘기했다. "하늘 쳐다봐, 인마." 무슨 의미인지 그제야 알았다. 도무지 버티지 않을 수가 없었다.

마지막 날 지옥주 끝나기 직전에는 악! 하는 목소리가 쉬어있지 않으면 선착순을 시킨다고 했다. 나는 끝끝내 쉰 목소리를 내지 않았다. 노래를 좋아하여 복식호흡을 했기 때문인지 소리를 아무리 질러도 목이 별로 쉬지 않았다. 그렇다고 연기하기는 싫어서 그냥 있는 그대로 우렁차게 악! 소리를 냈다. 그는 나에게 얘기했다. "네가 그렇게 떳떳하냐?" 끝까지 떳떳하게 훈련하고 싶다던 나의 의지를 그는 알고 있었다. 그에 대한 존경과 감사의 마음을 담아 약간의 쉰 목소리로 다시 답했고 그는 흡족한 미소를 띠었다.

 지옥주가 끝나고 모든 교육생이 상처 부위를 소독하고 뒷정리를 하는 사이 그와 나는 연병장 한편에서 마주쳤다. 서로 가만히 쳐다봤다. 하늘 같은 교관이라 감히 오래 맞서서 쳐다볼 수 없었기에 악! 이라고 대답하며 멋쩍은 불안에 떨 수밖에 없었다. 그는 고개를 저은 것인지 끄덕인 것인지 모르게 살짝 주억거리며 나를 잠시, 깊게 지켜보다 사라졌다. 나의 지옥주를 완전히 이해하고 있던 사람은 그 순간에 그 사람밖에 없었다.

7월 30일

나는 형이 아프다고 느끼기 시작했을 때부터 아버지를 증오했다. 그러나 아버지의 일기장을 본 어느 날부터 스톡홀름 증후군처럼 증오는 애증으로 바뀌어 무척 혼란스러워졌다. 아버지는 청년기에 스스로 눌러 적은 일기장으로 아버지 인생의 서사를 가까스로 부여받았다.

아버지는 어릴 적부터 수재였다. 당시 서울대를 수백 명씩 보냈다던 경복중고등학교에 시험을 쳐서 입학했다. 민족대표 33인의 후손이면서 조선에서 기독교를 가장 오래 믿어온 집안이 우리 집안이라 하니 성장 환경이 매우 보수적이고 엄했으리라고 생각한다. 그 속에서 아버지는 본인의 욕망을 과감히 드러내지 못하고 억눌린 채로 자랐다. 내성적인 모범

생이었던 아버지는 고교 시절, 어떤 이유에서였는지 약을 드시고 자살 시도를 하셨다. 깨어난 후 성격은 극도로 난폭하고 외향적으로 변해 있었다.

아버지는 꿈이 있던 사람이었다. 사시, 행시, 외시 고시 3관왕을 목표로 하기도 했고 이스라엘에 유학 가고 싶어 하기도 했다. 신춘문예에 시인으로 등단하여 나이 마흔 즈음에는 자신의 이름을 내건 문집을 출간하고 싶어 하기도 했다. 그랬던 그가 이제는 싸늘하게 식어버려 한결같은 모습으로 막내아들의 기억 속에 각인되어 있다.

아버지의 공식적인 사인은 심장마비이다. 물론 괄호 열고, 약물과 알코올 남용으로 인한, 괄호 닫고. 비공식적인 사인은 자살이다. 그러나 내가 보기에 아버지의 진정한 사인은 인생을 낭비한 죄이다. 빠삐용이 유죄인 이유와 같다. 그 이유로 아버지는 육체보다 영혼이 먼저 죽어버렸다. 그는 자신의 욕망을 긍정할 줄 몰랐다. 무엇이 진정으로 자신을 살아가고 싶게 만드는지를 알지 못했다. 타인의 바람과 자신의 욕망을 끝끝내 구별 짓지 못했다. 그리고 아무도 그의 진정한 욕망을 긍정해주지 않았다. 마음의 소리를 순순히 따라가기에는 겁이 났으리라. 그리하여 타인의 욕망에서 비롯된 불필요한 인생의 길에 눈길을 주면서 정작 진정한 자신의 인생은 낭비했다. 그는 겁먹은 채로 인생의 변방만을 디뎌 거닐다 종말을 맞았다. 청년 시절의 그는 알고 있었을까. 자신이 고작 이런 모습으로 세상을 떠나게 되리라는 사실을.

그가 진정으로 하고 싶었던 일은 고시도 아니고 이스라엘 유학도 아니라 시인이 되는 일이었다고 생각한다. 그가 일기장에 꾹꾹 눌러쓴 시를 읽으며 영혼이 아직 죽지 않은, 내 아버지가 되기도 전의 아버지가 처음으로 그리워졌다. '점과 점을 잇는 최단 거리는 직선이 아닐 수도 있다는 것을 배우는 데엔 무한한 진통이 있었다.'라고 말하던 아버지 일기장 속의 한 구절은 내가 여태껏 살면서 봤던 최고의 시구절 중 하나로 기억에 남아있다. 아버지는 알코올 중독과 가정폭력으로 정신병원에 갇혀서도 어머니께 시를 써 보내어 자신을 꺼내 달라고 요구했다.

아버지가 병원에 들어가기 직전까지도 어머니는 아버지

께 밤새도록 시달렸다. 보다 못한 나는 아버지에게 술을 먹여 병원에 보내야겠다고 생각했다. 편의점에서 족발과 소주 몇 병을 사 들고, 나는 미리 숙취해소제를 먹었다. 아버지가 술에 취해 잠들면 병원에 연락을 취할 예정이었다. 그렇지만 성인이 되어 아버지 앞에서 처음으로 소주를 받는 것이 아들로서는 뜻깊은 일이라는 사실을, 아버지 앞에서 무릎 꿇고 족발과 소주를 세팅하면서 깨달았다. 그래서 진심으로 아버지께 말씀드렸다.

'아버지 술은 그만 드시고 시를 계속 써 보시는 건 어떠세요. 평생의 꿈이었잖아요. 아버지 시를 읽으면 저는 아버지가 너무나 좋아져요.'

그러나 아버지는 끝까지 어머니가 부정한 사람이라는 망상에만 사로잡혀 있었다. 해가 뜨자 아버지는 취해서 몸을 못 가누셨다. 병원 앰뷸런스를 불러 아버지를 강화도의 한 알코올 병동으로 강제 입원시켰다. 그날 이후로 나는 아버지라는 세상 유일한 존재와 나눌 수 있는 교감의 경험을 앞으로 두 번 다시 할 수 없게 되었다.

악인에게 서사를 부여해서 동정해서는 안 된다고 하지만, 지금 나는 아버지를 가슴 깊이 연민한다. 정확히 말하면 한때 나를 감동하게 한 시인이었던 아버지를 연민한다. 그의 욕망을 단 한 순간이라도 긍정해주었던 사람이 있었다면 어땠을까. 고시니 유학이니 하는 세상의 기준에 맞춰 살지 말고 당신을 살아있게 하는 마음속 단 하나의 길을 찾아가라고 누군가 진심으로 얘기해주었다면, 아버지는 그 새벽의 모습과는 다른 모습으로 여태껏 살아있지 않을까.

아버지는 나의 영원한 반면교사이다. 나는 아버지처럼만 살지 않으면 성공했다고 생각하며 산다. 내가 유디티에 간 것이 이러한 삶의 태도에 도움이 되는 일이었다면, 그것은 직면하는 습관 때문이다. 어떤 상황이 닥쳐도 절대 도망치지 않기 때문이다. 두려워도 끝까지 맞서 싸우기 때문이다. 끝까지 나다움을 포기하지 않기 때문이다. 대한민국 유디티는 당연히 그래야 하기.. 때문이다.

6-9. 국민신문고

　우리 형의 이름은 홍지덕이었다. 언젠가 홍무량대수로 법원의 절차를 밟아 정식 개명했다. 개명하고 나서도 한참 동안 나는 홍무량대수를 여전히 홍지덕이라고 생각하면서 살았다.

　일반학 과정을 지나고 있을 때 교훈대대 주임원사께서 갑자기 나를 호출하셨다. 홍무량대수라는 사람이 청와대 국민신문고에 해군에 입대한 동생을 찾는다고 올렸다고 했다. 형이었다. 집을 나갔다고 들었는데 살아 있어서 다행이었다. 전화를 걸어보니 성남, 서울역, 수원 등지를 노숙하다가 수원의 한 사회복지사에게 발견되어 병원 치료와 상담 및 복지 서비스를 받고 있다고 했다. 그러나 일반학 과정 훈련 중이라 바로 찾아갈 수는 없었다. 지옥주 이후에 주말 외박을 받아 수원의 한 병원으로 찾아가서 만났다. 형은 예전 모습과 크게 변한 게 없었고 말하는 모습이 좀 더 자신 있어 보여서 좋았다. 거리에서 지내던 시절이 어땠는지 걱정되어 물어보니 노숙하던 시절을 오히려 그리워하고 있었다. 자유를 맛봤다고 했다. 알다가도 모를 대답이라 의아했지만, 이상하게도 그 마음을 이해할 수 있을 것 같다는 묘한 감정이 들었다.

형은 원래 뛰어난 수재였다. 누가 시키지도 않았는데 혼자 공부해서 수석으로 중학교를 입학했다. 바이올린을 던져줬더니 오케스트라에 들어가 버렸다. 노래도 잘했고 운동도 잘했다. 과학에도 재능이 많았다. 그림도 정말 잘 그렸다. 심심하면 벼루에 먹을 갈아서 신문지에 붓으로 드래곤볼 캐릭터들을 그려내곤 했다. 갈라진 근육과 머리카락까지 생생하게 살아있었다. 그림을 출력해서 그걸 보고 따라서 그리는 것도 아니라 오로지 생각만으로 말이다. 어렸을 때 형이 크레파스로 그린 '추수하는 농부'라는 그림을 보고, 나는 질투한 나머지 하늘색 크레파스로 찍찍 그어서 낙서해버렸다. 그걸 '비가 오는데도 열심히 추수하는 농부'라고 다시 각색하여 전국에서 2등을 하기도 했다. 겉으로는 형에게 지기 싫어서 나도 열심히 살아가게 됐지만, 사실 그는 그 시절 어린 나의 우상이었다. 어릴 때는 나 스스로 그걸 몰라서 형과 엉겨 붙고 싸우기도 많이 싸웠다. 내가 학창 시절 무언가를 성취하며 지낼 수 있었던 이유는 첫째가 형이라는 존재 때문이었다. 그런데 언제부터인지 그가 위태로워지기 시작했다. 기 수련과 각종 종교에 심취했고, 환영과 환청에 시달렸다. 정신과 치료를 받으러 지하철을 타고 가다가 신천지에 포교 당하기도 했다. 고등학교를 겨우 졸업하고 병역은 면제를 받았다.

형과 나는 연년생이라 초등학교 때 학생회장, 부회장을 함께 했다. 사람들이 형제는 용감하였다고 칭찬이 자자했다. 고등학교 때 형이 불현듯 회장 부회장을 러닝메이트로 다시 함께 나가보지 않겠느냐고 했다. 무너져버린 이 사람의 인생에 힘을 실어주고 싶어서 선뜻 그러자고 했다. 그러나 정상적인 공약과 계획은 아니라는 사실을 출마 지원서에 도장 찍기 직전에 느꼈다. 나는 형이 다시는 돌아올 수 없는 정신의 강을 영영 건너 버렸다는 생각이 순간 들어 무한한 공포감에 휩싸였고 하염없이 서러웠다. 출마는 무산됐다. '형은 어린 시절 나의 우상이었어.'라고 얘기하기에는 이미 너무 늦어버려, 내 모든 진심이 더는 그의 가슴에 온전히 전해지지 않게 되어버렸는지도 모르겠다.

나는 언제부턴가 홍무량대수를 홍무량대수라고 생각하게 되었던 것 같다. 그가 영영 예전의 내 우상이었던 모습으로는 다시 돌아올 수 없을지도 모른다는 사실을 나도 모르게 인정했기 때문일까. 홍무량대수가 다시 내 안에서 지혜 지에 큰 덕 자를 쓰는 홍지덕으로 불리기를 원한다. 그러나 현대 의학에 무지한 내게 조현병은 여전히 불가역적인 질병으로만 느껴진다. 그를 가역적으로 만들기 위해 내가 도대체 무엇을 할 수 있는지 나는 그를 앞에 두고 항상 고민한다. 그러나 그런 속마음과는 다르게 나는 그의 조현되지 않은 단어들 앞에서 쉽게 분노하고 화를 낸다.

그리고 나서 돌아서면 항상 흐느낀다. 홍무량대수를 앞에 두고 홍지덕을 그리워하는 일밖에 할 수 있는 게 없다는 무력감 앞에서 쉽게 무릎 꿇고 좌절한다. 이런 아픔과 고통에 시달리는 사람이 없는 세상을 만들겠다면서, 막상 형에게 해줄 수 있는 건 침대와 냉장고 따위밖에 없다는 게 내 근원적 슬픔의 큰 비중을 차지하고 있다.

6-10. 한라산

나는 제주도에 세 번 가봤다.

제일 처음은 고등학교 때 수학여행이었다. 어떤 친구를 골려주려고 화장실에서 족발 뼈다귀를 열심히 닦았던 기억밖에는 나지 않는다. 그것도 재미나게 써먹지도 못하고 흐지부지되어 잠만 쿨쿨 자다 돌아왔다.

두 번째로는 입대 전에 친구와 둘이서 제주도 여행을 했다. 원래는 스쿠터 여행을 하기로 되어있었다. 그런데 스쿠터를 렌트하기 위해서는 면허가 필요했다. 운전면허가 없었던 나는 여행 일자에 맞춰서 부리나케 원동기 면허 시험을 보았다. 자전거만 탈 줄 알면 누구나 딴다고 해서 연습도 없이 갔는데, 오토바이를 건물 외벽에 그대로 처박을 뻔하고 시원하게 떨어졌다. 결국 나는 자전거, 친구는 스쿠터를 타게 됐다. 느리게 여행하게 만든 것이 미안해서 내가 앞장서서 갔고 죽을 기세로 페달질만 열심히 했던 그때는 8월 한여름이었다. 운동한다고 생각하고 나흘 동안 포카리스웨트를 마시면서 열심히 페달을 밟았는데, 마지막 날에 방심해서 생수를 벌컥대며 마시다가 탈수 현상이 왔다. 도롯가에 그대로 드러누워 있다가 친구가 사다 먹여준 감자칩을 씹고 깨어났던 기억이 난다.

세 번째로 간 게 유디티 훈련이었다. 더는 말을 아낀다. 내가 지금도 제주도 쪽을 바라보고 오줌도 싸지 않는 건 바로 이러한 이유 때문이다.

서두를 우스개로 이렇게 열었지만 사실 완전히 진심은 아니다. 나는 제주도에서 훈련하는 게 고통스러우면서도 행복했다. 누구도 함부로 경험할 수 없는 특별한 방식으로 제주도를 여행했다는 사실이 상당히 만족스러웠다. 물론, 다 지나고 나니 할 수 있는 얘기다.

　우리는 진해 군항에서 상륙함에 몸을 싣고 제주 모 해군 기지로 입항했다. 가는 내내 뱃멀미로 인해 잠만 잤다. 그곳에서 ㅇㅇ대대 내무반으로 이동해서 군장을 풀었다. 교관님들께 독도법 및 도상 연구 방법에 대해서 배웠다. 독도법은 지도를 읽어내는 방법을 뜻한다. 도상 연구란 우리가 가게 될 기동로에 대한 정보를 미리 파악하고 지도에 기록하는 것을 말한다. 내무반 마룻바닥에 엎드려서 독도법 훈련하는 동안 내내 다니게 될 루트에 대해 직접 도상 연구하고, 이동 거리와 예상 소요 시간과 경사도를 소지도에 기록했다. 지도를 정해진 방법대로 읽어내는 건 낯설었지만 길 위를 헤매고 다

닐 생각에 마음이 참 편하고 설레기도 했다. 배낭에 부르스타와 텐트를 넣고 삼천리 길을 걸어 다니던 시절이 독도법 훈련 내내 생각났다.

2인 독도법 훈련 시에는 정해진 체크포인트를 전부 찍어서 교관들에게 인증샷을 보내야 했다. 출발 전에 화면이 확실히 잠겨있는지를 교관들이 일일이 확인하고 핸드폰을 나눠주었다. 사진 촬영 기능을 제외하고 인터넷 검색 및 지도 앱 등은 사용하지 못하게 하려는 조치였다. 같은 조였던 특전사 선배가 워낙 베테랑이라 무척 빠른 속도로 목표 지점에 도달했던 기억이 난다. 더 빠른 길로 가려고 새로운 루트를 개척하다가 완전히 잘못된 길로 들어서기도 했는데도 다른 조보다 빨랐다. 팀별 독도법에서는 팀원들이 서로 돌아가면서 PT를 봤다. 법정사까지 30km 정도를 완전 군장으로 행군해야 했다. 비가 많이 내려서 모두가 판초 우의를 걸치고 행군했다. 어떤 조는 8시간가량을 거의 휴식 없이 강행군하기도 했다. 이때 지쳐서 처진 동료의 텐트를 대신 들어주다 발목이 작살났다. 이후 수료할 때까지도 발목이 제대로 낫지 않았다. 법정사에서 다시 공원 묘원까지 이동하여 거기에서

후방교회법, 전방교회법 등 몇 가지 평가를 했다. 분명히 배운 대로 했는데 방위각이 완전히 이상하게 나와버려서 당황하기도 했다.

생식주 전 전술학 마지막 훈련은 한라산 정상 등반이었다. 물론 완전 군장이었다. 정확한 소요 시간은 기억나지 않지만, 당시 제주도가 고향이었던 동기 말로는 완전 군장을 하고도 일반인의 등반 예상 시간의 절반밖에 걸리지 않았다고 했다. 체력 소모가 극심할 수밖에 없었다. 나 또한 아찔할 정도로 힘들었다. 다친 발목의 통증이 올라와서 채치수처럼 발목을 꽉 동여매고 진통제를 5알 정도 먹고 등반을 시작했다. 동기 두 명이 눈이 풀려서 포기하려고 하는 모습에 갑자기 정신이 들었다. 이 교육을 무사히 수료하고 빨리 자리를 잡아서 가정에 보탬이 되고 싶다고 얘기했던 동생들이었다. 이들과 끝까지 함께 가야만 했다. 뒤에서 주먹으로 군장을 때리고 정신 차리라고 소리치고 머리로, 몸으로 밀어 올리면서 정상까지 그대로 함께 올랐다. 내 고통은 덕분에 잊힐 수 있었다. 그때 어디서 그런 비정상적인 힘이 나왔는지는 잘 모르겠다.

한라산 정상에 올라서서 바라본 세상은 아름다웠다. 남한에서 제일 높은 곳에 우리가 있었다. 백록담은 물이 생각보다 많지는 않아서 아쉬웠다. 그러나 살아가면서 한라산 정상에 숱하게 다시 오른다고 해도 다시는 그날의 시선과 기분으로 세상을 내려다볼 수는 없으리라고 생각했다.

6-11. 생식주

이윽고 생식주가 시작됐다.

생식주에서 가장 중요한 건 식량과 식수 조달이었다.

식량은 자연에서 자라나는 식물을 캐거나 동물을 잡아서 먹을 수 있었다. 그러나 가장 손쉬운 방법은 역시나 식품을 몰래 숨겨 확보해두는 것이었다. 생식주 시작 전에 가지고 있는 식료품을 제출하라는 지시를 받았다. 정직한 사람은 순순히 제출했고, 어떤 사람은 소지하다 걸려서 얼차려를 얼이 차려지도록 받았다. 나는 전투식량 한 끼 분을 체스터리 그 안쪽 깊숙한 주머니에 나눠서 숨겼지만 제출하지도, 걸리지도 않았다. 사실 나는 생식주를 제대로 받아보고 싶었다. 인간이 5일 동안 쫄쫄 굶었을 때 어떤 상태가 되는지 진실로 궁금했다. 그러나 팀원들이, 그중에서도 팀에 동기가 두 명이나 있어서 나중에 힘들어할 때 챙겨주려는 목적으로 한 팩을 몰래 챙겨 두었다. 내지 않았을 때도 나를 위한 식량이 아니었기 때문에 그다지 양심의 가책이 없었다. 하지만 훈련받으면서 나를 포함한 팀원 7명 모두가 그 작은 전투식량, 일명 벽돌을 똑같이 쪼개서 나눠 먹고 있었다. 입은 많고 양이 얼마 되지 않아서, 만 하루가 채 지나가기도 전에 한 팩의 전투식량이 사라져버렸다.

식수는 빗물을 받아 마시거나, 식물의 광합성 작용에서 나오는 수분을 마실 수 있다. 잎사귀에 맺히는 새벽이슬을 채취해서 마실 수도 있다. 각종 과실이나 식물 자체에도 미량의 수분이 함유되어 있다. 하지만 이러한 내용은 전부 이론적인 방법일 뿐이고, 살아남는 데는 그리 큰 도움이 되지 않았다고 생각한다. 나는 다른 방법으로 준비했는데, 빨간약을 군장에 몰래 챙겼다. 서바이벌 책자에서 요오드 용액을 물에 한 방울 넣으면 몇 분 뒤 유해균이 소독되어 음용 가능해진다는 글을 봤기 때문이었다. 수영장 물을 소독하는 원리와 같다고 했다. 얼마 전에 내린 비가 아직도 계곡 바위 틈새에 잔뜩 고여 있었다. 나는 그 물을 수통에 담아 빨간약으로 소독해서 식수를 조달했는데, 동기들은 별생각 없이 그냥 물웅덩이에 입을 대고 벌컥벌컥 마셨다. 그리고 아무런 문제가 없었다. 제주도의 자연은 생각보다 깨끗했고 덕분에 빨간약은 금방 내다 버렸다.

생식주 첫날, 아침 식사를 거르고 13킬로 정도를 행군하여 한라산 자락에 위치한 ㅅ 전술훈련장으로 이동했다. 천남성이라는 사약재료, 마, 단풍 마, 생강 잎, 망개 잎 등 먹을 수 있는 식물과 없는 식물을 구분 지어 배웠다. 하늘 수박은 그중 가장 달고 먹을 만했다. 이때까지만 해도 식물을 캐 먹고 버틸 생각에 열심히 이파리 형태를 외웠지만 다 부질없는 짓이라는 사실을 나중에서야 깨달았다. 아무 일도 하지 않고 그저 가만히 있는 게 체력 소모가 적고 가장 편한 방법이었다. 마 잎을 발견하고 기쁜 마음에 야전삽 들고 열심히 캤는데 고작 손톱만 한 마가 나오면, 열량 면에서 영 손해 보는 장사가 되기 일쑤였다.

공터에서 각종 비트 파는 법을 배웠다. 나와 같은 텐트를 썼던 특전사 선배와 나는 항아리 비트를 팠다. 벌써 기운이 없어 파는 데 시간이 꽤 걸렸다. 그 좁은 공간에 사람이 쏙 들어가는 것이 신기했다. 파 놓은 비트를 내버려 두고 비트 입구 옆에 침낭을 깔고 비박을 했다. 11월 늦가을의 산악 날씨는 추웠지만, 밤하늘을 쳐다보며 잔다는 낭만으로 버텼다. 돼지는 평생 하늘을 볼 수 없다는데, 나는 사람인데도 왜 하늘 한 번 볼 새도 없이 살아왔는지를 생각했다.

밤마다 긴급퇴출이라는 훈련을 했다. 임의의 시간에 통신기로 호출이 오면 그 즉시 은거지를 해체하고 군장을 급히 챙겨 집결지로 모여야 했다. 보통 집결지에서 출발하여 정해진 포인트까지 무장을 매고 장거리를 도피하는 훈련을 했다. 네 발로 곰 걸음, 호랑이 걸음을 하며 언덕을 밤새도록 오르내리기도 했다. 교관님의 눈을 피해 타조 걸음으로 걷다가 욕을 한 바가지 얻어먹던 기억도 난다. 첫날도 예외는 아니었다. 만약 조느라 통신 가드에 실패하면 그 즉시 차가운 11월 한라산 계곡물에 조원 총원이 맨몸으로 입수해야 했다. 뼛속까지 관통하던 소름 끼치는 차가움이 아직도 생생하다.

이틀 차 오전에는 창 등 각종 사냥 도구 제작법, 올무 설치법에 대해서 배웠다. 하늘 수박을 발견해서 20여 개 땄으나 설익었는지 혓바닥이 쓰려서 먹지 못했다. 오후에는 경사 지형을 활용한 L자형 비트를 구축했다. 예전에 선배들이 만들어 놓은 비트도 아직 남아있었는데 너무나 감쪽같이 위장해 놓은 비트 입구에 혀를 내둘렀다. 알고 봐도 알아차리지 못할 정도였다. 교관들은 공터에 교육생 모두를 앉혀 놓고 그 앞에서 삼겹살을 구우며 우리를 놀려댔다. 교육생들은 고개를 푹 수그린 채 기름진 고기에 가여운 눈길을 주지 않으려고 애썼다.

누가 말하기를 실제 전쟁이 나면 현금으로 살아남아야 한다고 했다. 선배들이 알려준 팁으로는 해당 훈련장 근처에 양봉장이 있는데, 거기에 가서 비싼 값에 벌꿀과 초코파이 등 식량을 몰래 살 수 있으니 참고하라고 했다. 쉽게 말해 민간인 접선을 시도하라는 얘기였다. 교관님께 걸리면 그 팀은 끝장이었지만 굶주림 앞에서 장사가 없었다. 우리는 정찰조 2명을 편성하여 내려보냈다. 그러나 동절기라 양봉장은 문을 닫았다. 선배들이 먹다 남긴 빈 벌꿀 통이나 주워서 찌꺼기만 애달프게 핥아 댔다. 자연산 벌꿀은 밀봉되면 쉽게 상하지 않는다는 사실을 그때 알았다. 초코파이 몇 개를 어디 바위 밑에 묻어 놨다는데 그것도 찾아 헤매다 체력이 고갈되어 그만두었다. 말이 지나가길래 잡아먹을까 고민했으나 말 한 마리의 가격이 차 한 대 값 이상이라는 말에 포기했다.

갑자기 M 교관이 통신으로 총원을 호출했다. 네 발로 언덕을 기어 다니거나 계곡물 속에서 떨다 잠들 운명이 분명했다. 바람 잘 날 없는 제주도의 밤을 원망하며 우리는 은거지를 해체하고 재빠르게 집결지로 모였다. M 교관이 갑자기 우리에게 하늘을 보라고 했다. 별이 찬란하게 반짝였다. 그렇게나 빛나고 아름다운 별을 본 적은 그전에도 없었고, 앞으로도 영원히 없을 것이다. 양구 천문대에서 천체 망원경으로 들여다봤던 별보다도 훨씬 강렬한 기억으로 남아있다.

셋째 날에는 투검술, 환자 이송법에 대해서 교육받았다. 합판을 세워 놓고 반복해서 칼을 던졌다. 교육받은 방식대로 아무리 던져도 교관들처럼 쉽게 꽂히지는 않았다. 환자라고 가정한 동료를 등에 짊어지고 온 산을 뛰어다니기도 했는데 사람이 할 짓이라고 생각되지는 않았다. 수십 일이나 단식하는 분들도 있는 걸 보면 사람이 굶는 것 자체로 크게 힘들지는 않을 것이다. 먹지 못한 채로 쉼 없이 몸을 써야 하기 때문에 생식주가 그 유명한 생식주라는 걸 알았다.

넷째 날은 은거지 구축 평가 및 불 피우기 교육을 실시했다. 불 피우는 데 성공하면 포상으로 삼겹살 한 줄을 얻을 수 있었다. 보우드릴이라는 방식으로 미친 듯이 굴려 대며 불을 피우려 노력했다. 특전사 선배가 노하우가 있었는지 우리 조가 빨리 불 피우는 데 성공해서 삼겹살을 받았다. 그래도 팀원 총원이 나눠 먹으면 한 입 거리도 안 되었다. 삼겹살 기름을 반합에 뿌려서 하늘 수박을 구워 먹었다. 야간에는 어김없이 긴급퇴출 훈련을 4km 실시했다.

   마지막 날이 가장 위기였다. 먹은 것이 없어서 온몸에 힘이 없었다. 은거지를 해체하고 집결했는데 장장 세 시간 동안 이어지는 고난이 우리를 기다리고 있었다. 전에 텐트를 들어주다 작살났던 발목의 통증이 그대로 올라왔다. 계곡물 입수를 대비해서 7겹이나 껴입고 있었고 수통 두 개에 체스터리그까지 제대로 챙겨 입었다. 완전 군장은 기본이었다. 온몸이 무겁고 답답했고 완벽에 가까운 수준으로 방전되어 있었다. 내딛는 모든 걸음은 살아남기 위한 필사의 몸부림이었다. 한라산에서처럼 동료를 도와줄 여력도 없었다. 통신사가 통신기를 버거워하여 뒤처지고 있었기에 밀어주려 했지만, 온몸에 힘이 없어 그것도 곧 관두었다. 이제는 누군가가 나를 도와줬으면 싶었다. 누군가에게 도움받는 걸 원치 않던 나로서도 그만큼 도움이 절실했다. 그때, 한라산에서 정상까지 밀어 올려주었던 동기가 갑자기 나타나서는 내 손을 덥석 잡아 끌어줬다. 그때의 고마움을 아직도 잊지 않고 있다.

그날 느꼈던 고통은 말하자면 오르가즘과 비슷한 느낌이었다. 온 세상이 하얬고 귀에는 이명이 들리는 느낌이었다. 강렬한 고통이 계속 밀려들었지만, 도무지 막아낼 방법이 없었다. 그 순간 눈에 보였던 게 솔방울이었다. 솔의 눈을 따서 먹으면 그 안에 약간의 당분이 들어있다던 교육 내용이 불현듯 기억났다. 따서 한 입 빨았는데 극소량이나마 당분이 온 몸에 순식간에 퍼지는 게 그대로 느껴졌다. 그 힘으로 최후의 순간을 간신히 버텨낼 수 있었다. 지금도 그날의 느낌이 그리울 때면 솔의눈 음료를 자주 마신다.

생식주가 이렇게 끝났다. 기지로 복귀해서 죽과 치킨과 귤을 원 없이 먹었다. 우리는 전부 5킬로에서 10킬로 정도씩은 몸무게가 줄어 있었다. 가벼워져서 그랬는지 다들 턱걸이를 오히려 훨씬 수월하게 했다.

6-12. 살아있음에 대하여

['나는 생각한다. 고로 존재한다'는 치통을 과소평가하는 말이다. '나는 느낀다, 고로 존재한다'야 말로 모든 생물을 포괄하는, 훨씬 일반적으로 받아들일 수 있는 진실이다… …. 고통이 극에 달할 때 세상은 흔적 없이 사라지며, 우리 각자는 자기 자신과 홀로 남는다.]

밀란 쿤데라의 〈참을 수 없는 존재의 가벼움〉에 나오는 한 구절이다. 생각이나 이성보다도 감각이야말로 우리의 실존을 깨닫게 하는 가장 강력한 수단이라는 쿤데라의 의견에 감탄했던 기억이 있다.

어머니를 장지에 모셔드린 날이었다. 비가 많이 내렸던 것으로 기억한다. 하관하는 모습을 바라보며 빗물 속에 눈물

숨겨 한참을 울었다. 물에 젖은 소금처럼 몸과 마음이 온통 처져 있었다. 운구해 준 친구들과 장지 근처 식당에서 갈비탕을 먹었다. 밥숟갈 떠먹을 힘조차 없었다. 갈비탕 국물에 눈물이 흘러 섞여 고였고 슬픔으로 범람했다. 밥알을 억지로 목구멍에 쑤셔 넣었다.

그때였다. 갈비탕 밥알이 목구멍으로 넘어가는 느낌이 불현듯 이상하다는 생각이 들었다. 겁이 날 정도로 생생하게 느껴졌다. 밥알이 잘게 저작되어 목구멍으로 넘어가는 모양새가 눈앞에 생생하게 전부 그려질 정도로 말이다. 밥알의 강렬한 촉감은 이상하게도 '살아야겠다, 살아야 한다.'라는 충동으로 급격히 전환되어 내 안에 깊이 각인되었다.

당시의 경험을 철학적, 문학적으로 의미 있게 서술할 능력이 아직도 내게 없다. 그러나 쿤데라식으로 이를 해석했을 때 그날 먹은 밥알의 촉감이 나라는 존재의 존재함을 일깨워줬다고 생각한다. 슬픔의 관념 속에서 하염없이 허우적거리던 내가 가까스로 감각의 현실로 돌아올 수 있었던 이유는 바로 그 때문이다. 그날 이후로 나는 지금까지도 살아있음을 느끼면서 살아있다.

 비슷한 경험이 유디티 훈련 중에도 있었다. 오전 일과는 보통 유디티 체조와 구보였다. 7월의 연병장에는 항상 땡볕이 내리쬐고 있었다. 무거운 쇳덩어리를 드는 것도 아닌 맨손 체조만으로도 우리는 금세 지쳤다. 지칠 때마다 동작이나 구령을 실수했다. 그럴 때면 어김없이 'I LOVE YOU'라고 락카로 적혀있던 딥탱크 수조에 입수 지시가 떨어졌다. 몸을 머리부터 발끝까지 온통 적시고 데굴데굴 굴러서 다시 제자리로 돌아와야 했다. 군복과 속옷 사이사이에 모래알이 알알이 박혔다. 움직일 때마다 박힌 모래가 온몸을 긁어댔다. 살갗이 잔뜩 쓸려 고통스러웠다. 숨은 금세 차오르고 몸에 열이 올랐다.

 "1분간 취침!"
 죽기 직전까지 다다라야만 교관의 취침 구령이 떨어졌다.
 "1분간 취침! 안녕히 주무십시오!"

우리는 복명복창한 후 세상에서 가장 편한 자세로 연병장에 드러누워 눈을 감았다. 주어진 시간은 1분. 우리는 시간 내에 최대한 지친 몸을 회복해야만 했다. 눈을 감고 필사적으로 최선을 다해 쉬어 보려고 애썼다. 숨과 열은 쉽게 회복되지 않았다. 지렁이처럼 고통에 몸부림치며 연병장의 모래를 손바닥으로 이리저리 쓰다듬었다.

그때였다. 어라? 순식간에 나는 2년 전 어머니의 갈비탕 그릇 앞으로 옮겨진 느낌을 받았다. 목구멍에 넘어가던 밥알의 감촉과 손바닥에 느껴지는 모래의 생생한 감촉이 정확히 같았다. 살아있음을 느꼈다. 그리고 왜 내가 이곳에 있는지 깨달았다. 이곳이 내가 있어야 할 유일한 곳이라는 생각이 충동처럼 강하게 들었다. 고통은 순식간에 환희로, 광기로 바뀌었다. 숨이 막혀도, 열이 차올라도 더는 상관없었다. 살아있으면 그만이었다.

바다 수영 후 뜨겁게 달궈진, 일명 '폰톤'이라 불리던 바지선에 드러누웠을 때도 그랬다. 등짝과 발바닥이 뜨겁다는 생각보다도 뜨거움이 생생하다는 생각이 먼저 들었다. 드러누워 빗물을 받아 마실 때도, 폭염을 뚫고 구보하던 날 물줄기 세례를 받을 때도 마찬가지였다. 지쳐서 정신이 나가려 할 때마다 나를 다시 명료하게 만들어줬던 건 언제나 감각이었다. 유디티가 내게 살아야 한다고 말한 적은 없었다. 오히려 죽으라고 했다고 보는 게 맞으리라. 하지만 유디티 훈련을 받으면서 나는 늘 살아있음을 느꼈다.

단두대가 기다리는 곳으로 가야 한다는 말의 의미에 대해서 생각해본다. 고통스러운 죽음이 기다리고 있는 듯한 곳이 실은 가장 살아있음을 느끼게 하는 곳이라는 의미인지를, 갈비탕 밥알과 연병장 모래를 회상하며 다시 한번 깊이 생각해본다.

6-13. 예술에 대하여

 자유롭다고 얘기하는 순간, 우리는 자유라는 단어 혹은 관념에 얽매여 살아왔음을 깨닫는다. 자유가 자유라고 불리는 순간 자유는 다시 사라진다. 난해하다. 예술 또한 그러하다. 예술이라는 말은 언급하기 지극히 조심스럽다. 누군가 자신의 입으로 예술가라고 자칭하는 순간 그에게서 느껴졌던 모든 예술적 감흥이 깨지고, 그 틈새로 그가 가진 허영심과 오만함이 새어 나오는 느낌을 받는다. 예술가라는 호칭은 순수하게 작품의 힘만으로 청중과 독자로부터 획득되어야만 하는 이름처럼 느껴진다. 예술은 도무지 지칭할 수 있는 무엇이 아닌 듯싶다. 그러나 우리는 예술이 무엇인지도 모르면서 때로는 우리를 사로잡은 어떤 광경 앞에서, 어떤 작품 앞에서, 어떤 사람 앞에서 형언할 수 없는 감동에 휩싸여 도저히 예술이라는 단어를 떠올리지 않을 수 없게 된다.

유디티 훈련 중 경험했던 예술적인 장면들을 언급하기에 앞서, 나는 내 안에 예술에 관한 씨앗이 깃들어 있음을 분명히 느낀 적이 있다고 먼저 조심스레 적어본다.

한때는 시가 무엇인지도 모르면서 시인이 되고 싶었던 적이 있었다. 소설을 모르면서 소설을 쓰고 싶었고 노래를 모르면서 노래를 부르고 싶었다. 체르니 100번도 못 치던 내가 피아노를 칠 거라고 한참을 낑낑거렸던 시절도 있었다. 한 번도 세상에 내세울 만큼 뭔가를 이룩하지 못한 채로, 나는 아직도 그 모든 꿈의 변방이나 맴돌며 근근이 산다. 세월이 지난 지금도 내가 열망했던 모든 것들은 여전히 내 안에 살아남아서 아직도 나를 방황케 한다.

시를 쓰려면 삶 자체가 시가 되어야 한다는 말을 들은 적이 있었다. 삶이 예술에 선행한다는 말로 들렸다. 까막눈으로 평생을 살던 할머니들이 글자를 처음 배우고 어설픈 맞춤법으로 적은 시를 처음 읽었을 때의 강렬한 감동은 기성 시인들의 잘 정제된 시와는 다른 차원의 느낌이었다. 그들은 삶 자체로 이미 뜨거운 감동을 자아냈다. 시적 형식은 그저 말 그대로 형식에 불과할 뿐이라고 생각했다. 어떤 이는 쉬운 동요를 연주해도 첫 건반 터치부터 이미 청중을 울게 한다. 어떤 이는 몸으로, 어떤 이는 말로, 또 어떤 이는 삶 자체로 예술이라는 단어를 손쉽게 떠올리게 한다. 형식이 삶 자체보다 중요한 것은 아닐 수도 있겠다는 생각이 들었던 게 바로 그 무렵이었다.

내 안에 예술의 씨앗이 있다면 그 분야는 무엇이어야 하는지 고민하던 이십 대의 어느 날, 어쩌면 삶 그 자체를 매 순간 하나의 예술품처럼 조각해나가는 것만이 내가 몸담아야 하는 유일한 예술의 분야일지도 모른다는 생각이 들었다. 나의 예술적 욕망은 무언가를 표현해야 한다는 강박에 가까운 충동이었다. 무엇을, 어떻게 표현해야 할지도 몰랐고 지금도 모른다. 분명한 건 내 안에 반드시 세상으로 내보여야만 하는 무언가가 있다는 사실이었다. 그걸 깨달은 어느 날부터 내 삶은 내가 표현하고 싶어 하는 원관념에 대해 고민하는 데 대부분 소진되었다. 삶 전체에 걸쳐 표현하고자 하는 바를 찾아내고 어떤 식으로든 현실에 잉태할 수만 있다면, 어떤 한 분야에서 필생의 역작을 빚어내기 위해 고군분투하는 예술가와 다를 바 없다는 생각이 들었다. 음악이나 시처럼 특정 분야를 선택해서 굳이 그 안에서만 얽매일 필요는 없다고 생각했다. 그러기에 내 관심사는 너무나 방대했다. 나는 내가 좋아서 기웃거리던 모든 것을 가슴 깊이 좋아했다. 삶의 무게에 억눌려 모든 것을 포기해보려고도 했지만 어떤 것도 포기하는 데 실패했다. 그대로 안고 살아갈 수밖에 없는 운명이었다. 이런 식으로는 결코 어느 한 분야의 스페셜리스트는 될 수 없으리라고 생각했다. 상관없었다. 여기저기 기웃거리며 아마추어처럼 살게 될지라도, 그것을 좋아하는 마음이 진실되기만 하다면 그저 매 순간 사력을 다하자. 최선을 다해 그 모든 방랑의 시간을 사랑하자. 그렇게 마음먹은 순간부터 나의 정신에 "Professional Amateurism"이라는 단어를 문신처럼 새겨 넣고 살았다. 그야말로 르네상스적 인간다운 명명이었다. 그 길로 나는 예술이라는 단어에 대한 관념적인 고민을 삶에서 지워버리고 생생한 삶의 현장으로 뛰어들었다.

예술에 전율해 본 사람은 예술이 무엇인지를 고민하지 않을 수 없다. 나는 소위 '예술적 경험'이 그다지 많지도 않고, 예술이라는 단어를 정의할 만큼 유식한 사람도 아니다. 아마 철학자나 미학자, 혹은 진정으로 예술을 살아가고 행하는 이들이 예술에 대한 내 생각을 듣는다면 아주 예술적으로 비웃을지도 모르겠다. 그런데도 이 미완의 생각을 얘기하지 않을 수 없는 건 나를 여기까지 이끈 것의 8할은 이러한 예술에 대한 관념의 파편들이라고 생각하는 까닭이다.

예술이란 도대체 무엇일까. 예술은 우리를 더 인간답게 만드는 무언가라는 생각을 한다. 인간을 배제하는 예술은 없다. 오로지 기교로만 점철된 기술적 예술 앞에서 우리의 마음은 절대 움직이지 않는다. 인간사의 기쁨과 슬픔을 진정성 있게 담아낸 예술 앞에서만 우리는 울고 웃으며 비로소 진정한 나를 발견한다. 예술가가 던져 놓은 삶의 화두 앞에서, 산다는 것이란 도대체 무엇인지를 탐구하지 않을 수 없게 된다. 예술적 감동에 휩싸여 예술의 의미에 대해 고민해본 적이 한 번이라도 있는 사람이라면, 반드시 인간다움이란 무엇인지에 대한 고민이 그 뒤를 따라와 두 주제 사이에서 평생을 괴롭힘당한다. 고민의 결과물은 차츰 형태를 갖춘 작품이 되어 세상에 나오거나, 때로는 그 난해한 고민이 정신을 완전히 잠식하여 생을 파괴하기도 한다. 자본주의적 성공이라는 기준이 예술의 절대적 가치를 평가할 수는 없는 것 같다. 예술가가 자신이 품은 고민 안에서 끝끝내 자유를 찾고 해방되었는지의 여부가 예술을 진정으로 예술답게 하는 것 같다. 그 지점에 다다라야만 그는 예술을 달성하고 인간다움을 획득한 진정한 예술가로 거듭나 세상에 자신의 존재를 각인시키게 된다. 한 인간의 고뇌의 결과물 앞에 선 또 다른 한 인간은 전율하며, 예술과 인간다움에 대한 고민에 휩싸이지 않을 수 없다. 예술은 이런 식으로 끊임없이 역사를 이끌고 인류를 구원해왔다고, 나는 조심스레 생각한다.

유디티 훈련하면서 이것이 예술이 아니면 과연 무엇을 예술이라 할 수 있는가 하고 생각했던 순간이 많았다. 밤바다를 노 저어 IBS를 진수시키면서 반짝이는 플랑크톤을 본 적이 있었다. 플랑크톤이 빛을 내는 생명체인지는 모르겠으나, 노를 당길 때마다 부서지는 파도의 포말 사이로 반짝이던 작은 생명체들이 분명히 함께 따라 움직이고 있었다. 한라산에서, 폭파 훈련장에서, 산과 들의 모든 숙영지에서 나는 저 하늘에 빛나는 별들이 수십억 광년 거리에서도 나와 함께하고 있다고 생각했다. 누워서 바라본 하늘에 떠다니던 구름도, 하늘을 물들인 석양도 다 나와 함께였다. 입을 벌려 빗물을 받아 마시던 기억도, 내리던 비를 가만히 앉아서 바라보던 순간도, 잠영하다 기절했던 동료의 입가에 맺힌 게거품을 볼 때도 마찬가지였다. 잠수할 때마다 동료들 얼굴에 새겨지던 선명한 잠수 마스크 자국과 40m 심해 잠수 평가 후 실핏줄이 터진 누군가의 새빨간 흰자를 앞에 두고서는, 그간 가지고 있던 미추의 기준이 흔들리는 느낌도 받았다. 캄캄한 진해의 밤바다에서 아무리 저어도 나아가지 않던 보트를, 자신의 전 존재를 걸고 악을 쓰며 끝없이 노 저어 나아가던 훈련생들의 모습은 나에게는 한 폭의 그림보다도 더 감동적으로 느껴졌다.

그 모든 장면 속에서 전율하던 나는 이 분명한 전율 속에 있는 내가 과연 누구인지를 생각했다. 삶이란 어디에서 와서 어디로 가는지를 생각하게 됐다. 그러한 순간들 속에서 내 안에는 과거도 미래도 타인도 세상도 없었다. 오직 그 순간의 내가 그 순간의 나의 손을 잡고 풍경 속으로 한없이 침잠해갔다. 울어야 할 때 울고, 웃어야 할 때 웃는 방식으로 슬픔과 기쁨 속을 끊임없이 누볐다. 그리고 이 벅찬 감동의 순간들을 함께하지 못하는 사랑하는 이들을 나중에서야 떠올리고 아쉬워했다. 내 안에 있는 모든 감정을 하나하나 점검하며 어떤 것도 부정하지 않았고, 모든 나다운 것들을 있는 그대로 인정하려 애썼다. 그리웠고 때론 절망했다. 아프고 쓰라려 오열하기도 했다. 정녕 사람다운 순간들이었다. 그 장면들 속에서 나는 자유의 뜻도 모르면서 자유를 느꼈고, 예술의 뜻도 모르면서 감히 예술이라는 단어를 자꾸만 떠올렸다.

내가 보고 듣고 느끼고 경험했던 모든 순간 속에서 예술이라는 단어를 떠올렸던 것은 아니었다. 왜 어떤 장면은 손쉽게 잊히고 어떤 장면은 예술적 경험으로 승화되어 내 안에 남았는지를 명확히 말할 수 있는 재간이 내게는 없다. 그러나 표현이 모호하다고 해서 느낌도 모호했던 건 아니었다. 예술이라 느끼던 순간에 나는 그것이 분명히 예술임을 알았고, 예술이 아닌 순간은 분명히 예술이 아님을 알았다. 이렇게 애매하게 표현할 수밖에 없는 내가 답답하고 밉게만 느껴진다. 나는 아직도 무엇을 말해야 할지도 모르면서 자꾸 무엇을 말하려 하고, 무엇을 표현해야 할지 모르면서도 자꾸 무언가를 표현하려 한다. 사람다움이 무엇인지도 모른 채로 사람다움을 고민하고, 진짜가 무엇인지도 모르면서 끝끝내 진짜가 되려고 애쓴다. 아직도 나는 자유와 예술을 모르면서도, 삶의 어떤 순간에서는 분명한 자유와 예술을 느낀다.

6-13. 예술에 대하여

6-14. 진해 여행자

여행하는 자들은 다음의 감정들을 느끼는 듯싶다.

먼저 설렘과 두려움이다. 가보지 않은 미지의 세계를 향한 설렘은 우리를 끊임없이 여행하게 하는 동력이다. 여행을 출발하기 전까지의 우리 모습은 사랑에 빠진 사람처럼 보이기도 한다. 여행지에 관한 생각과 상상만으로도 설레어 잠 못 이루고 밤새 두 눈을 빛내곤 한다. 여행지에 대해 검색해 보고 배낭을 싸며 여행지에서 벌어질 모든 일이 아름다우리라고 상상하고 기대한다. 때론 미지의 세계에 대한 막연한 공포에 휩싸여 쌌던 짐을 그대로 풀어헤치고 싶어지기도 한다.

그러다 여행지에 도착하면 두려움은 금세 사라지고 기쁨과 환희로 가득한 시간을 보낸다. 새로운 풍경과 경험과 사람들 속에서 비로소 살아있음을 느낀다. 자신이 왜 그곳에 가야만 했는지를 매 순간 깨닫는다. 사진기를 꺼내 모든 순간을 촬영하고 일기장과 화폭을 꺼내 나만의 방식으로 모든 장면을 담아보고 싶어진다. 여행 이전의 나날들은 벌써 멀게만 느껴지고 새로운 장소에서 새롭게 태어난 사람처럼 새로운 감정에 흠뻑 젖어 지낸다.

시간이 많이 흐르면 새로웠던 모든 것들이 원래부터 당연했던 것처럼 익숙해지는 때가 반드시 온다. 이때 우리를 찾아오는 감정은, 다름 아닌 그리움이다. 두고 온 익숙한 장소들, 사랑했던 사람들에 대한 그리움이 어느새 외로움이라는 이름으로 자신을 감싸고 있다.

여행지의 새로움은 익숙함에 뒤덮여 이미 사라져버리고 살아온 터전으로 돌아가고자 하는 충동으로 가득해질 때, 우리는 미처 깨닫지 못한다. 익숙해진 이곳 또한 언젠가 그리워질 풍경으로 내 안에 벌써 깊이 새겨져 버렸음을. 여행하는 우리는 어쩌면 그리움의 씨앗을 세상 곳곳에 뿌리고 있는지도 모른다.

결국 여행은 새로운 풍경을 통해 일상의 익숙함을 사랑하는 방법을 깨달아 나가는 과정일지도 모르겠다는 생각을 한다. 우리가 살아가는 모든 순간이 사실 꽤 살만하고 아름답다고 생각하기 위해서라도 우리는 끊임없이 여행해야만 한다.

나는 군 생활을 하는 게 아니라 진해를 여행하는 중이라고 느꼈던 적이 자주 있었다. 수병 훈련소 수료식 때는 군항제 기간이었다. 나의 수료식을 기념하기 위해 찾아와 준 지인들과 벚꽃 만개한 진해 시내를 돌아다니며 난생처음 군항제를 즐겼다. 부사관 교육대 담장 너머로 흩날리는 벚꽃잎 아래에서 아침마다 영내 구보를 뛰었을 때도 그랬다. 잠수학 교육 중 펀(fun) 다이빙을 할 때도 마찬가지였다. 스쿠버 장비를 매고 진해 군항 내에서 잠수 훈련을 하면서, 내가 좋아하는 해삼과 도다리와 문어를 잔뜩 만날 수 있었다. 진해루 앞에서 끊었던 담배를 한 대 얻어 태웠던 지옥주의 새벽 또한 생생하다. 40m 심해 잠수 평가 때도, 15m 표면 잠수 평가 때도 마찬가지였다. 그 수심까지 도달해 본 사람은 교육을 함께 받은 동료들을 비롯해 민간 잠수사들까지 많겠지만, 진해를 '여행'하는 사람 중 나와 같은 방식으로 여행한 사람은 단 한 사람도 없으리라고 진해의 해저를 누비며 생각했다. 나는 나만의 방식으로 진해를 온전히 즐기고 있다는 생각이 강하게 들었다. 유디티가 되기 위한 거의 마지막 관문인 16마일 구보를 뛸 때도 같은 생각이 들었다.

16마일은 약 26km의 거리를 의미한다. 부대 정문 밖 민간 지역으로 나가 하프 마라톤을 뛰어야 했다. 그러나 제주도에서부터 발목 및 아킬레스건이 완전히 박살 나 버린 상태였다. 군화를 신고 벗을 때마다 아킬레스건이 이대로 찢어지는 건 아닐까 하는 생각이 들 정도로 몹시 고통스러웠다. 구보를 나가면서 주머니에 진통제를 다섯 알 정도 챙겨서, 뛰는 동안 통증이 올라올 것 같다 싶을 때마다 한 알씩 물도 없이 약을 삼켰다.

그때 봤던 진해 시내의 풍경은 기억 속에 드문드문 남아 있다. 발목의 고통에만 집중하느라 정신이 없었다. 진해의 거리에서 웃통을 벗은 채 군가를 부르고 뛰어다니면서, 나는 아마도 지난 이십 대의 전부라고 할 수 있는 이곳에서의 시간을 하나하나 떠올렸던 것 같다. 진해의 거리 구석구석에 사건과 사람과 추억이 고스란히 묻어 있었다. 당시에는 아직 진해가 익숙하진 않았고 설렘이 압도적으로 많았지만, 그때부터 벌써 이곳을 영원히 그리워하게 되리라고 생각했다. 마지막 코스로 16마일 구보를 진해 거리에서 한다는 사실 또한 상징적으로 다가왔다. 진해의 시민들은 우리를 향해 박수갈채를 보냈다. 힘들었던 모든 순간을 오로지 버티는 재주 하나로 살아오면서 그토록 염원했던 박수갈채가 진해 시내에 가득 울려 퍼졌다. 진해라는 도시가 아니었다면 어쩌면 유디티에 오지 않았을지도 모른다. 완전히 다른 삶을 살았을지도 모른다.

나는 설렘과 두려움을 간직한 채 유디티에 들어왔다. 훈련받는 모든 상황 속에서 기쁨과 환희, 외로움을 골고루 느꼈다. 관사를 받고 진해 시민이 되어 수년을 살던 시절에는 이 조용한 도시가 지겹다는 생각이 문득 들기도 했다. 전역하고 진해를 벗어나 살게 된 지금은 진해에서 유디티로 살았던 내 지난 모든 시간을 사무치게 그리워한다.

어쩌면 이 책은 진해라는 도시를 나만의 방식으로 십 년에 걸쳐 여행한 진해 여행기인지도 모르겠다.

6-14. 진해 여행자

6-15. 수료

도착하기 위해 걸었다면 도달할 수 없었을 것이다. 걷다 보니 나는 여기에 와있었다.

과정을 위한 결과.
사실 아름다운 모든 것들은 끝이 아닌 과정 중에 있었다.

46기가

우리가 함께 쏟아부었던 땀과 눈물들

서로를 채찍질하며 몰아쉬던 턱숨들

거친 파도와 싸워나가는 우리는 무적 해마떼

세계 최강 사나이들 지옥의 용사

나가자 거친 바다로 우리는 무적 해마떼

대한의 평화를 위해 오늘도 피땀 흘린다

오늘도 피땀 흘린다

6-15. 수료

Professional Amateurism

에필로그

에필로그

서 시

윤동주

죽는 날까지 하늘을 우러러
한 점 부끄럼이 없기를,
잎새에 이는 바람에도
나는 괴로워했다.
별을 노래하는 마음으로
모든 죽어가는 것을 사랑해야지.
그리고 나한테 주어진 길을
걸어가야겠다.

오늘 밤에도 별이 바람에 스치운다.

세월이 흐른 지금도 내가 윤동주의 서시를 사랑하던 그 시절 그대로의 사람이라는 사실을 확신하고서야, 나는 이 길고 비장한 글을 간신히 적어낼 수 있었다.

 돌이킬 수 없는 꿈이 잉태됐던 2014년, 스물넷의 7월을 아직도 기억한다. 두 번의 상, 그 사이를 메운 사람들의 빼곡한 위로 속에서 나는 살고 싶다고 생각했다. 기필코 살아서 모든 죽어가는 것들을 사랑하겠다고, 나는 윤동주처럼 다짐했다. 그 후로 내가 써 내려간 것은 자기 구원의 역사였다. 나 자신을 다시 일으켜 세우기 위해 무엇이든 시도했다. 그런 마음으로 책을 읽고 글을 쓰고 노래하고 악기를 연주했다. 사랑도 꿈도 전부 마찬가지였다. 삼천리를 걸어 도달한 유디토 모조리 그러한 자기 구원의 일환이었다. 스스로 박차고 일어난 자만이 누군가를 품에 안고 힘껏 사랑할 수 있다고 믿었던 까닭이었다.

 2018년 여름에 'THE FUNERAL CODE'라는 이름의 행사를 개최한 적이 있었다. 아크부대 13진 파병 복귀 후 약 한 달의 파병 위로 휴가를 받아서 입대 후 처음으로 긴 자유가 주어졌다. 그때 나는 서울 모처의 골방에 틀어박혀 자신의 꿈을 구체화하려 하고 있었다. 지금도 세상 곳곳에서 가난과 정신적 고통에 신음하고 있는 사람들을 나는 어떻게 세상의 수면 위로 다시 끌어올릴 것인가. 모호하고 막연한 꿈이었지만 이는 결코 외면할 수도, 외면해서도 안 되는 꿈이었다. 도망치고 외면하고 싶을 때도 너무나 많았다. 내 삶만을 빛내기에도 내가 가진 자원은 부족했고 생은 짧다는 사실을 진작 알고 있었다. 그러나 삶의 고통에 신음하는 사람들을 마주칠 때마다 나는 어김없이 오열했고 가슴 깊숙한 곳

이 분명 아렸다. 엄밀히 말하면 내가 외면할 수 없었던 건 가난하고 고통받는 이들 자체가 아니라, 그들을 바라볼 때마다 내 안에서 분명히 느껴지는 이 진실된 연민의 감정이었다. 도무지 도망칠 수가 없었다. 그렇다면 헤쳐나가야 했다. 분명 헤쳐나갈 길은 있다고 믿었다.

이런 생각을 하게 되었을 무렵 얼 쇼리스라는 인문학자의 〈희망의 인문학〉을 접하게 됐다. 언젠가 그는 모 교도소 1급 죄수들을 대상으로 한 교화 프로그램에 인문학 멘토로 참여하고 있었다. 그전까지만 해도 그는 평범한 시민의 한 사람으로서 죄수들, 사회 하층민들, 소외되고 가난한 자들에게 필요한 건 당연히 삶의 기본 조건인 의식주의 해결이라 생각해왔다. 그래서 그들에게 직업 알선 프로그램을 소개해주거나 사회 복지 제도 하에서 주택을 제공해주고 무료 급식소로 데려가는 것만이 자신과 사회가 할 수 있는 최선이라 믿었다. 그러나 교화 프로그램을 통해 만난 어떤 여죄수의 대답은 그를 놀라게 했다. 그녀는 말했다. "우리에게 필요한 건 멋진 옷, 안락한 집, 좋은 식사가 아니라 정신의 삶입니다. 우리는 도시 중심가 사람들의 사고방식을 배워야 이 삶에서 벗어날 수 있습니다." 그들에게 필요했던 건 놀랍게도 물질이 아니라 정신이었다. 이때 받은 영감으로 얼 쇼리스는 '클레멘트 코스'라는 이름의 인문학 교육 과정을 개설했다. 노숙인, 부랑아, 약물 중독자, 사회 부적응자들을 대상으로 고전을 읽고 토론하게 하는 게 과정의 주 내용이었다. 이 구상을 듣는 모든 이들이 쇼리스를 의심했다. 이들은 하층민들을 일종의 동물처럼 여겼을지도 모른다. 동물이 책을 읽을 수는 없다고 여기던 그들의 생각도 어쩌면 당연했을지도 모른다. 그러나 클레멘트 코스를 끝끝내 통과했던 소위 '동물'들은 대학에 진학하거나 직업을 얻게 되었으며, 그 중 의사나 교수가 된 사람도 다수였다. 사람들의 우려와는 다르게 클레멘트 코스는 성공적인 인문학 교육 과정으로 평가받게 되었다.

나는 클레멘트 코스의 사례를 접하면서 이는 일종의 복지 패러다임의 전환이라고 느꼈다. 나의 형도 기초생활보장 수급자로 주택공사의 영구임대주택을 최근에 분양받아 지내고 있다. 만약 복지 제도의 혜택이 없었다면 형이 어떻게 되었을지 지금도 가늠이 되지는 않는다. 하지만 국민의 세금을 거두어 가난한 사람들에게 분배하는 선에서만 그치는 게 과연 옳을까. 마치 봉우리를 깎아서 골짜기를 메꾸는 느낌이다. 산은 없어지고 들판만 남게 되는 식이다. 이를 둘러싼 정치적, 철학적 논의는 차치하고서라도, 만약 이런 방식으로 세상의 부가 분배되는 것이 당연하고 유일한 방식이라면 과연 누가 최선을 다해 일을 하려고 하겠는가. 그리하여 나는 이러한 기존 복지 정책의 방향성이 마냥 옳다고 보지만은 않는다. 가난한 이들 개개인을 하나의 우뚝 선 봉우리로 키워내는 게 어쩌면 분배를 통한 복지의 다음 단계가 아닐까. 그리하여 사회에서 소외된 계층이 더는 사회적 비용으로 취급되지 않고 귀중한 인적 자산으로 거듭날 수 있도록 양성해야 하는 게 아닐까. 삶의 고통을 경험해 본 사람은 이를 박차고 일어난다면 타인의 고통을 이해할 수 있는 사람으로 거듭나게 된다는 모 철학자의 말처럼, 어쩌면 이들은 거리에서 구르며 박애의 감수성을 기르고 있었을지도 모르는 일이다.

이러한 생각 끝에 나는 인문학 교육을 바탕으로 한 노숙인들의 재기 프로그램을 직접 만들고 싶어졌다. 그러나 혼자 힘으로 이 구상을 실현해내기에는 가진 것도, 능력과 지식도 없었고 이를 어떻게 이뤄나가야 할지 몰라 막막하기만 했다. 그래서 이러한 구상을 사람들에게 프레젠테이션하고 조언을 구하고자 개최했던 행사가 바로 2018년 여름의 'THE FUNERAL CODE'였다.

행사 날은 어머니의 기일 즈음이었다. 산소에 찾아가서 소주 뿌리고 기리는 게 무슨 의미가 있나 싶었다. 산소에 가든 가지 않든 내 마음속에서는 그날들을 한시도 잊은 적 없었기 때문이었다. 다만 색다르고 의미 있게 이 시기를 기리고 싶었다. 그날들이 한 인간에게 선사해 준 꿈에 대해서 그날들을 함께해 준 이들에게 들려주고 싶었다. 당신들의 위로가 한 사람의 마음속에, 그리고 세상의 어느 한 구석에 도대체 무엇을 잉태시켰는지 말이다. 조문의 형식으로 모두가 드레스 코드를 블랙으로 입었으면 했다. '드레스 코드 : 블랙'은 진부하게 느껴져서, 아예 행사 이름을 'THE FUNERAL CODE'라고 정했다. 이는 단순히 복장의 코드를 지칭하는 것뿐만 아니라, 내 정신을 지배하고 있는 일련의 생각들을 관통하는 코드이기도 하다는 생각이 들었기 때문이었다.

한 인간의 꿈의 근원과 나아갈 길에 대해 다 함께 추적하고 탐구하기 위한 자리가 마련됐다. 몇몇 지인들 앞에서 내 꿈의 궤적에 대해 수 시간에 걸쳐 프레젠테이션 했다. '도대체 이 구상을 어떤 방식을 통해 구체적으로 실현할 수 있을까?' 이것이 그들에게 내가 던진 물음이었다. 나는 오늘 이 자리에서 무언가 뾰족한 해답의 실마리를 얻어낼 수 있으리라는 기대감에 한껏 부풀어 있었다.

그러나 프레젠테이션을 들은 사람들은 쉽게 입을 열지 못했다. 듣다가 펜을 내려놓는 사람들도 있었다. 그들 역시 뚜렷한 답을 내리지 못하는 건 마찬가지였다. 내가 이 고민에 대한 답을 찾아내는 것이 막막했듯이 듣는 이들 역시도 그저 하염없이 막막하기만 했을 것이다.

결국 내가 가진 꿈은 어떤 담론으로 발전할 여지가 없는 지극히 개인적인 문제일지도 모른다는 사실을 깨달았다. 그 누구도 나의 꿈에 공감하거나 도와줄 수 없을지도 모른다는 두려움이 들었다. 그날 이후로 나는 한결 깊은 외로움에 잠긴 채로 살았다. 다른 이들에게 내 구상에 대해서 털어놓기가 어려워졌고, 나도 모르게 털어놓으면 반드시 후회하는 방식으로 여태껏 지냈다.

세상이라는 연병장에서 이리저리 굴러다니면서도 내 꿈이 변하거나 달라진 적은 한시도 없었다. 내가 얘기한 꿈과는 전혀 상관없어 보이는 일들을 할 때조차도 사실은 숨 쉬고 밥 먹는 하나하나까지 저 생각이 모조리 깃들어 있었다. 외면하고 싶은 마음이 들 때가 사실 더 많았다. 그러나 형을 오랜만에 만났을 때, 시인을 꿈꿨던 아버지의 일기장을 읽었을 때, 노숙인이 피아노 치는 영상을 본다거나 그들의 살아온 이야기를 담아낸 유튜브 영상을 접할 때, 나는 그들도 한때는 꿈이 있던 사람이었음을 되새기지 않을 수 없었다. 삶의 무게에 힘들어하는 주변 사람들의 얘기를 들으면서도, 나는 거리의 사람들과 거리 바깥의 우리가 크게 다르지 않다고 생각했다. 그리고 끊임없이 확신했다. 이들을 다시 이들답게 도와줘야 한다. 그래서 이끼 낀 지하에서 여전히 신음하는 이들을 세상의 수면 위로 다시 끌어올려줘야 한다. 이들을 다시 일어설 수 있게 하는 단 한 번의 기회가 될 어떤 터전을 세상에 창조해야 한다. 이 하나의 꿈만 갖고 지금까지 버티며 살아왔다. 아무리 생각해도 이 세상에서 아픔을 간직하고 살아가는 사람들에게 필요한 건, 나 아닌 삶을 살다 쓰러졌을 때 박차고 일어나 자신의 길로 돌아갈 수 있도록 돕는 단 한 번의 손 내밂이었다고 굳게 믿고 있기 때문이다. 나의 아버지와 형이, 그리고 내가 바로 그러했기 때문이다.

이 세상의 수많은 사람이 자신의 어딘가 한 부분이 죽어버린 채로 살아가는 이유에 대해서 생각해본다. 그건 그들이 자신의 욕망에 대해서 제대로 알지 못했기 때문이라고 생각한다. 고작 자신의 욕망을 외면한 죄로 이들 존재의 일부는 세상에서 이미 사라졌다. 자신의 진정한 욕망에 대해서 깨달은 자는 머뭇거릴 새도 없이 온 존재를 걸고 이를 향해 투신한다. 그것만이 자신을 살아있게 하는 유일한 길임을 알기 때문이다. 그러나 이 세상은 우리를 진정으로 욕망하게 하지 않는다. 넓은 집, 좋은 차, 사회적 지위, 부와 명성. 우리가 진정한 욕망이라 믿었던 그 모든 것들 앞에서 우리는 진정으로 행복한가. 우리는 과연 집과 차와 지위와 명성만을 얻기 위해 이 세상에 태어났는가. 이러한 것들은 물론 소중하고 가치 있지만, 때로는 돌이킬 수 없는 단 한 번의 실수로 인해 모조리 잃어버릴 수도 있는 것이다. 그리고 그것을 잃었다고 해서 우리가 우리가 아니게 되는 것은 아니다. 어쩌면 사람을 진정으로 사람답게 하는 건 우리가 생각해왔던 것과는 조금 다를지도 모른다. 어쩌면 우리가 가난하다는 이유만으로 '저들'이라 배척하는 자들과 우리의 차이는 생각보다 크지는 않을지도 모른다.

우리는 자신에게 물어야 한다. 우리와는 다른 부류라고 여기던 사람들과 어느 날 하루아침에 똑같은 처지가 되어 같은 거리에서 마주하게 되었을 때, 과연 우리에게 도움을 내미는 손길을 갈망하지 않겠는지를. 쓰러져도 툭툭 털고 일어나 진정한 자신만의 길을 향해 다시 나아가게 할 그 한 번의 기회를 정녕 외면할 수 있겠는지를. 그 순간 우리가 갖게 될 강렬한 삶에의 욕망에 대해서 생각해볼 때, 누군가를 다시 살아가게 하는 건 어쩌면 물질적인 도움보다도 먼저 그들에게 삶에 대한 욕망을 다시 불어넣는 일인지도 모른다. 아픔을 툭툭 털고 일어나 다시 자신만의 길을 가라고 내밀어주는 사소한 한 번의 손길뿐인지도 모른다. 그리고 그것이야말로 죽어가는 누군가를 다시 살아나게 만드는, 사소한 것이 아니라 어쩌면 전부이자 유일한 길인지도 모른다.

    결국 우리는 모두 똑같은 사람일 뿐이다. 내가 앞으로 하고자 하는 일은, 단순히 말하자면 죽어가는 사람을 다시 사람답게 살아갈 수 있도록 만들어주는 일이다. 사람다움이란 무엇인지, 어떠한 방식으로 손길을 내밀어야 하는지를 생각하면 여전히 막연하다. 그러나 이러한 생각의 단초를 결코 놓을 수 없는 건, 이는 애초에 불가능하기에 시도되지 못한 것이 아니라 아직 시도되지 않았기에 실현 불가능한 것으로 여겨진다고 생각하는 까닭이다. 그 방식이 유디티일지, 클레멘트 코스일지, 혹은 제 3의 다른 길이 있을지는 아직도 확신있게 말할 수는 없다. 지금으로서는 그 길이 영화라고 생각하고 시도하며 나아가는 중이다. 그러나 그 어떤 길일지라도 그것이 나를 살아있게 만드는 길이라고 생각되면, 지금까지 그래왔듯 그것을 향해 과감히 투신할 것이다. 선택한 그 길 위에서 끊임없이 삶의 의미를 탐구하고 최선을 다해 스스로 행복해지려 할 것이다. 그리하여 나를 구원하는 그 방식 그대로 타인을 구원할 것이다. 어떤 사람에게는 타인을 구원하는 것만이 자신을 구원하는 유일한 길이기도 한 까닭이다.

 평범한 한 사람이 아픔을 딛고 삼천리를 걸어서 유디티가 되어가는 과정의 이야기가 사람들에게 어떻게 받아들여졌을지는 잘 모르겠다. 그러나 한 가지 분명한 사실은 내가 과감히 이 길을 걸어올 수 있었던 건, 스물넷의 어느 여름날 헤아릴 수도 없는 많은 사람이 내게 전해준 위로 덕분이라는 것이다. 5년 전 스페인으로 출국할 당시 나는 집도 돈도 가족도 없다고 스스로 생각했다. 가진 거라고는 두 다리와 살고자 하는 의지뿐이었다. 이 의지의 힘이 나를 여기까지 오게 했다. 나의 의지는 어디에서 왔는가? 사람들로부터 왔다. 사람들의 위로로부터 왔다. 나는 단 한 번도 나 자신의 능력만으로 여기까지 왔다고 생각하지는 않았다. 나를 더 나은 인간이 되게 하는 모든 것은 다 그들에게서 나왔다.

 사실 나는 지금도 자신이 없다. 그리고 내가 가진 꿈의 막막함이 나의 전 존재를 완전히 뒤덮어버릴 때도 많다. 나는 여전히 내 꿈 앞에서 자주 외롭다. 그리고 아직도 내 꿈에 이르는 길을 모르는 채로 세상을 더듬거리며 산다. 꿈을 배반하지 않기 위해 고군분투해왔으나 내 역량이 한없이 부족하다는 생각 앞에서 그만 굴복하고 싶어질 때쯤, 나는 이 글을 쓰기로 가까스로 마음먹었다. 삶에 지쳐 언젠가는 꿈을 배반하고 세상과 타협하며 살아가게 될 수도 있겠지만, 이 글을 쓰면서 나는 평생 'funeral code'를 벗어 던지지 못할 사람이라는 것을 다시 느꼈다. 나의 꿈에 다다르는 길에 대해, 이제는 세상을 향해 다시 한 번 용기 내어 물어볼 때가 됐다고 생각한다.

"우리는 어떻게 마음이 가난한 채로 살아가는 자들을 구원할 수 있습니까?"

결국 이 단 하나의 물음을 세상에 던지기 위해, 나는 그렇게 걷고 뛰고 구르고 헤엄치며 유디티가 되었다.

바람이 불었다.

나는 비틀거렸고,

함께 걸어주는 이가

그리웠다.

*이정하 - 바람 속을 걷는 법 2

바람 불지 않으면 세상살이가 아니다.

그래, 산다는 것은

바람이 잠자기를 기다리는 게 아니라

그 부는 바람에 몸을 맡기는 것이다.

바람이 약해지는 것을 기다리는 게 아니라

그 바람 속을 헤쳐 나가는 것이다.

두 눈 똑바로 뜨고 지켜볼 것,

바람이 드셀수록 왜 연은 높이 나는지.

* 이정하 ≪그대 굳이 사랑하지 않아도 좋다≫ 중
<바람 속을 걷는 법1>, <바람 속을 걷는 법2> (푸른숲, 1997)